U0536576

写给孩子的
国学启蒙
经典故事
三字经
智临 编著
中国书籍出版社
China Book Press

图书在版编目（CIP）数据

三字经 / 智临编著 . — 北京 : 中国书籍出版社，2022.10

（写给孩子的国学启蒙经典故事）

ISBN 978-7-5068-9209-4

Ⅰ . ①三… Ⅱ . ①智… Ⅲ . ①古汉语－启蒙读物 Ⅳ . ① H194.1

中国版本图书馆 CIP 数据核字（2022）第 183397 号

三字经

智临　编著

责任编辑： 王志刚
责任印制： 孙马飞　马　芝
责任校对： 朱林栋
封面设计： 书心瞬意
出版发行： 中国书籍出版社
地　　址： 北京市丰台区三路居路 97 号（邮编：100073）
电　　话：（010）52257143（总编室）　（010）52257153（发行部）
电子邮箱： chinabp@vip.sina.con
经　　销： 全国新华书店
印　　刷： 唐山楠萍印务有限公司
开　　本： 880 毫米 ×1230 毫米　1/32
字　　数： 450 千字
印　　张： 30
版　　次： 2022 年 10 月第 1 版　2022 年 12 月第 1 次印刷
书　　号： ISBN 978-7-5068-9209-4
定　　价： 228.00 元（全 6 册）

前言
PREFACE

在浩如烟海的众多国学经典中，儿童启蒙读物可谓其中最重要的一部分，它们凝聚了我国数千年的文明史和传统文化，包含着中华民族传统文化的精髓。这些启蒙经典内容丰富，包罗万象，天文、地理、历史、人物、治国、修身、道德、伦理等内容应有尽有，而且行文流畅、气势磅礴、辞藻华丽、朗朗上口。千百年来，已成为历朝历代儿童启蒙心智、汲取知识和提升修养的重要开蒙读物。

经典需要传承，经典也需要发扬。在现代教育对传统文化愈发重视的当下，为满足现代儿童的阅读、学习与成长的需求，我们为小读者们精心编撰了《写给孩子的国学启蒙经典故事》这套丛书，囊括了《三字经》《弟子规》《论语》《千字文、百家姓》《声律启蒙》《幼学琼林》等国学经典，旨在为孩子们打开一扇学习国学精粹的大门。

《三字经》是我国流传最广、影响最大的启蒙读本，被认为是中国蒙学书之首。其形式精巧，三字一句，朗朗上口，便于儿童记诵；内容丰富，包含大量文化知识，涉及中国传统的道德、教育、历史、天文、地理等，隐含着许多道德观念与立身处世的道理。

《弟子规》原名《训蒙文》，全文共有360句、1080个字，三字一句，两句或四句连意，合辙押韵，朗朗上口。内容融汇了古代圣贤对青少年学生的训诫，具体讲解了孝敬父母、尊敬长辈、关爱兄弟、修身养性、为人处世、读书求学等应有的礼仪规范。小读者们能从中感受和学习中华民族的传统美德。

《论语》是儒家学派的经典著作之一，由孔子的弟子及其再传弟子编撰而成。它以语录体和对话文体为主，记录了孔子及其弟子言行，学龄前儿童读《论语》可以从小培养正确的学习、生活习惯，还有利于修正行为、树立正确的价值观。此外，《论语》中所包含的那些历史典故，能让孩子学会从不同角度看问题，培养孩子的思维能力，这些对成长都很有帮助的。

《千字文》是一首四言长诗，也是一部袖珍的百科知识全书，全书仅1000个字，却涵盖了天文、地理、历史、农业等诸多方面的知识。全文对仗工整，条理清晰，文采斐然。可以让孩子开阔眼界，激发学习兴趣。

《百家姓》自宋元以来，广泛流传，是沿袭不改的初学儿童必读课本。原收集中文姓氏 411 个，后增补到 504 个，其中单姓 444 个，复姓 60 个，是儿童认识姓氏的经典书籍。

《声律启蒙》是训练儿童应对、掌握声韵格律的启蒙读物，是古代儿童学诗的入门读物。全书按韵分编，包含天文、地理、花木、鸟兽、人物、器物等的虚实应对。由两两相对的三字句、四字句、五字句、六字句、七字句等组成，不仅对仗工整严谨，而且语言流畅优美，声韵协调，便于诵读记忆。在启蒙读物中独具一格，经久不衰。

《幼学琼林》全书均用对偶句写成，容易诵读，便于记忆。内容涉及著名人物、天文地理、典章制度、历史风物、风俗礼仪、鸟兽虫鱼等。除此之外，书中还有许多警句、格言，至今仍然传诵不绝，堪称中国古代的一本小百科全书。

在编撰《写给孩子的国学启蒙经典故事》一书时，我们充分考虑到了低学龄儿童相对词汇量少、阅读理解能力薄弱等现实，基于此，书中精心撷取了国学启蒙读物中的经典文段，并对原文进行浅显易懂的译注。同时，还根据原文增加了“故事链接”“名人故事”“知识百宝箱”版块，选编了大量的历史故事、常见典故和常识，极大地丰富了内容，增强了阅读性。为扫清小读者们的阅读障碍，全书原文、译文、“故事链接”

等内容全部加注拼音，让小读者在轻松阅读之余，能增加知识积累，获得学习能力的有效提升。

儿童阅读的世界，永远是多彩的和充满惊奇的。为此，我们在版式设计和排版上也力求新颖别致，以孩子们喜闻乐见的形式去设计和编排。同时，全书还加入了100多幅故事插图，达到了图文并茂的视觉感受和阅读效果。让孩子们在阅读中激发想象，在国学知识的海洋中尽情遨游。

阅读国学经典，不论是对儿童的知识积累、智力提升，还是对他们的才艺开发、道德修养提升都大有裨益。在此，衷心希望选择这套国学启蒙故事丛书的小读者们，都能从中找到阅读的兴趣和快乐，获得喜人的收获，实现最好的成长！

目录 CONTENTS

人之初，性本善。…… 1

弈秋教授棋艺 …… 2

昔孟母，择邻处。…… 6

孟母教子 …… 7

养不教，父之过。…… 10

李希颜教皇子 …… 11

玉不琢，不成器。…… 14

卞和献玉 …… 15

香九龄，能温席。…… 18

孔融让梨 …… 19

rén zhī chū xìng běn shàn
人之初，性本善。
xìng xiāng jìn xí xiāng yuǎn
性相近，习相远。
gǒu bú jiào xìng nǎi qiān
苟不教，性乃迁。
jiào zhī dào guì yǐ zhuān
教之道，贵以专。

译文

rén gāng chū shēng de shí hou běn xìng dōu shì shàn liáng de
人刚出生的时候，本性都是善良的。
rén de xìng qíng yě hěn xiāng sì dàn yóu yú gè zì shēng huó huán jìng de
人的性情也很相似，但由于各自生活环境的
bù tóng měi ge rén de shēng huó xí guàn huì chǎn shēng hěn dà chā yì
不同，每个人的生活习惯会产生很大差异。
rú guǒ cóng xiǎo bù jiā yǐ jiào dǎo běn lái shàn liáng de běn xìng jiù huì
如果从小不加以教导，本来善良的本性就会
biàn huài jiào dǎo yí gè rén zuì hǎo de fāng fǎ jiù shì péi yǎng tā zhuān
变坏。教导一个人最好的方法就是培养他专
xīn zhì zhì shǐ zhōng bú xiè de pǐn zhì
心致志、始终不懈的品质。

yì qiū jiāo shòu qí yì

弈秋教授棋艺

zài wǒ guó gǔ dài yǒu yí wèi jiào zuò yì qiū de qí shǒu

在我国古代，有一位叫做弈秋的棋手，

tā de qí yì shí fēn gāo chāo shèng míng yuǎn bō xǔ duō rén dōu

他的棋艺十分高超，盛名远播。许多人都

xiǎng bài yì qiū wéi shī xiàng tā xué xí xià qí

想拜弈秋为师，向他学习下棋。

xiàn chéng lǐ yǒu liǎng xiōng dì tè bié xǐ huan xià qí kòng

县城里有两兄弟，特别喜欢下棋，空

xián de shí hou zǒng xǐ huan zhǎo rén qiē cuō jǐn guǎn rú cǐ tā men

闲的时候总喜欢找人切磋，尽管如此，他们

de qí yì què bú jiàn yǒu hěn dà de zhǎng jìn liǎng xiōng dì shāng liang

的棋艺却不见有很大的长进。两兄弟商量

了一番，决定拜弈秋为师，向他求教。这一天，两兄弟一同来到弈秋家里，诚心实意地请求他传授棋艺。虽然弈秋技艺高超，名声很大，但是他一点儿也不骄傲，而且和蔼可亲，他见两兄弟诚心求学，就十分高兴地答应了他们的请求。授棋开始了，弈秋投入地讲着各种技巧，还不时地拿出棋盘，向他们演示实际操作的过程。哥哥聚精会神地听着，每时每刻都跟着老师的思路转，心里想的全是如何走好棋子；而弟弟则不然，他刚听没多久，就开小差了，表面上看起来在听老师讲课，其实心却早已经飞出了窗外。正巧，窗外有一群大雁飞过，弟弟心想：如果我有弓箭的话，一定能

shè xià yì zhī yòu féi yòu dà de dà yàn xià lái dāng wǎn cān xiǎng zhe
射下一只又肥又大的大雁下来当晚餐。想着
xiǎng zhe tā de kǒu shuǐ dōu liú xià lái le yì qiū zhù yì dào le
想着，他的口水都流下来了。弈秋注意到了
dì di de biǎo xiàn yán lì de tí xǐng tā yào zhuān xīn tīng jiǎng kě
弟弟的表现，严厉地提醒他要专心听讲。可
shì zhè ge dì di de sī xiǎng jiù shì bù néng jí zhōng yí huì
是，这个弟弟的思想就是不能集中，一会
er xiǎng dōng yí huì er xiǎng xī
儿想东，一会儿想西。

zhuǎn yǎn jiān sān gè yuè guò qù le yì qiū de qí yì
转眼间，三个月过去了，弈秋的棋艺
yě jiāo wán le liǎng xiōng dì bài bié lǎo shī huí jiā hòu lái gē
也教完了，两兄弟拜别老师回家。后来，哥
ge lǐ suǒ dāng rán de chéng wéi le dāng dì xīn yí dài de xià qí gāo
哥理所当然地成为了当地新一代的下棋高
shǒu ér dì di ne qí yì píng píng gēn yuán lái yí yàng
手；而弟弟呢，棋艺平平，跟原来一样。

yì qiū
弈秋

yì qiū shì shǐ jí jì zǎi de dì yī wèi qí shǒu tā de qí yì gāo
弈秋是史籍记载的第一位棋手，他的棋艺高
chāo mèng zǐ chēng qí wéi tōng guó zhī shàn yì zhě
超，孟子称其为“通国之善弈者”，
yì dàn píng tuī chóng tā wéi guó qí bí zǔ
《弈旦评》推崇他为国棋“鼻祖”。

xī mèng mǔ zé lín chǔ
昔孟母，择邻处。
zǐ bù xué duàn jī zhù
子不学，断机杼。
dòu yān shān yǒu yì fāng
窦燕山，有义方。
jiào wǔ zǐ míng jù yáng
教五子，名俱扬。

译文

zhàn guó shí qī mèng zǐ de mǔ qīn wèi le néng zhǎo dào yí gè
战国时期，孟子的母亲为了能找到一个
jī lì hái zi xué xí de hǎo huán jìng bù cí xīn kǔ de bān le sān
激励孩子学习的好环境，不辞辛苦地搬了三
cì jiā mèng zǐ tān wán táo xué mǔ qīn wèi le jiào yù tā bǎ
次家。孟子贪玩逃学，母亲为了教育他，把
xīn kǔ zhī hǎo de bù jiǎn duàn le wǔ dài shí yǒu gè jiào zuò dòu
辛苦织好的布剪断了。五代时，有个叫做窦
yān shān de rén tā jiào yù ér zi hěn yǒu fāng fǎ zài tā de jiào
燕山的人，他教育儿子很有方法。在他的教
yù xià wǔ gè ér zi dōu hěn yǒu chéng jiù shēng míng yuǎn bō
育下，五个儿子都很有成就，声名远播。

孟母教子

孟子是战国时期著名的思想家、教育家。他出生在一个十分贫寒的家庭，在他很小的时候，父亲就去世了，只剩下他和母亲住在墓地附近的一间小房子里。孟子经常和邻居的小孩一起玩耍。由于这个地方经常有人出殡、办丧事，时间一长，孟子他们不仅模仿大人们跪拜、哭嚎的样子，还学起了各种各样的丧葬仪式。孟母看到后，觉得这个地方不适合居住，于是就带着孟子

bān qiān dào le shì chǎng fù jìn zhè yí cì gé bì zhèng hǎo shì
搬迁到了市场附近。这一次，隔壁正好是
yì jiā ròu pù tú fū zhěng tiān shā zhū zǎi yáng mèng zǐ ěr rú
一家肉铺，屠夫整天杀猪宰羊，孟子耳濡
mù rǎn shí jiān cháng le yòu xué qǐ le yāo he zuò shēng yi hé
目染，时间长了，又学起了吆喝做生意和
tú zǎi zhū yáng de shì mèng mǔ jué de zhè ge dì fang yě bú shì hé
屠宰猪羊的事。孟母觉得这个地方也不适合
jū zhù yú shì yǎo yǎo yá yòu bān zǒu le zhè yí cì mèng zǐ
居住，于是咬咬牙又搬走了。这一次，孟子
yì jiā bān dào le yì suǒ shū yuàn páng biān
一家搬到了一所书院旁边。

shū yuàn lǐ zhěng tiān rén lái rén wǎng rú shēng men sòng jīng dú
书院里整天人来人往，儒生们诵经读
shī xíng lǐ guì bài xiǎn de bīn bīn yǒu lǐ mèng zǐ shòu dào le
诗，行礼跪拜，显得彬彬有礼。孟子受到了
xūn táo cóng cǐ kāi shǐ xiàng zhè xiē rú shēng xué xí jīng wén yǐ jí
熏陶，从此开始向这些儒生学习经文以及
dǎ gōng zuò yī de lǐ jié le
打躬作揖的礼节了。

mèng zǐ zhǎng dà le yě jìn le xué táng niàn shū dàn shì
孟子长大了，也进了学堂念书，但是
tā wán xīn hěn dà bú ài xué xí yǒu yí cì mèng zǐ táo xué
他玩心很大，不爱学习。有一次，孟子逃学
huí dào jiā zhōng gāng hǎo pèng shàng mèng mǔ zài jiā zhōng zhī bù
回到家中，刚好碰上孟母在家中织布。
kàn jiàn ér zi huí lái le mèng mǔ guān qiè de wèn dào jìn lái
看见儿子回来了，孟母关切地问道："近来

xué xí zěn me yàng le mèng zǐ huí dá shuō gēn guò qù yí
学习怎么样了？”孟子回答说：“跟过去一

yàng bù hǎo bú huài mèng mǔ yì tīng lì kè yòng jiǎn dāo bǎ
样，不好不坏。”孟母一听，立刻用剪刀把

gānggāng zhī hǎo de bù jiǎn duàn bìng bǎ xiàn suō zi zhòngzhòng de shuāi
刚刚织好的布剪断，并把线梭子重重地摔

dào dì shàng hǎo jǐ gè yè wǎn de xīn qín láo zuò jiù zhè yàng bái
到地上，好几个夜晚的辛勤劳作就这样白

fèi le mèng zǐ jiàn zhuàng hài pà jí le máng wèn mǔ qin yuán
费了。孟子见状，害怕极了，忙问母亲原

yīn mèng mǔ chángcháng de tàn le yì kǒu qì shuō xué xí
因。孟母长长地叹了一口气，说：“学习

bú shì yì tiān liǎng tiān de shì qing jiù xiàng wǒ zhī bù bì xū cóng
不是一天两天的事情，就像我织布，必须从

yì gēn gēn xiàn kāi shǐ zuì hòu cái néng zhī chéng yì pǐ bù ér
一根根线开始，最后才能织成一匹布，而

bù zhǐ yǒu zhī chéng le pǐ cái yǒu yòng cái kě yǐ zuò yī fu zuò
布只有织成了匹才有用，才可以做衣服、做

bèi dān nǐ niàn shū bù zhuān xīn zhì zhì chí zhī yǐ héng ér shì
被单。你念书不专心致志、持之以恒，而是

bàn tú ér fèi de huà jiù hé wǒ jiǎn duàn bù pǐ shì yí gè dào lǐ
半途而废的话就和我剪断布匹是一个道理。”

tīng le mǔ qīn de huà mèng zǐ rèn shi dào zì jǐ cuò le
听了母亲的话，孟子认识到自己错了。

cóng nà yǐ hòu tā jiān chí kǔ dú zuò shì yǒu shǐ yǒu zhōng
从那以后，他坚持苦读，做事有始有终，

zhōng yú chéng le tiān xià wén míng de dà rú
终于成了天下闻名的大儒。

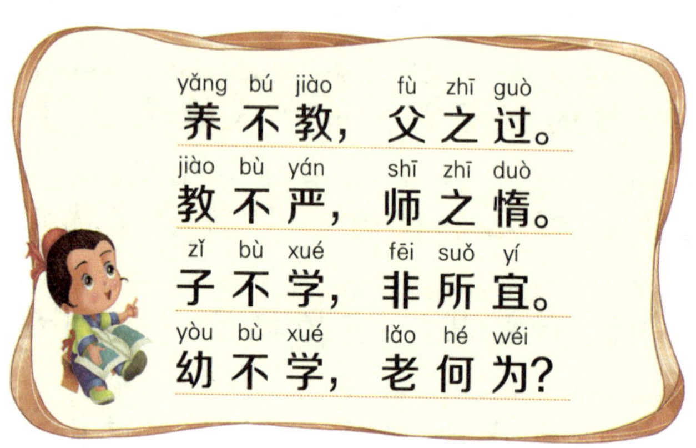

yǎng bú jiào　fù zhī guò
养不教，父之过。
jiào bù yán　shī zhī duò
教不严，师之惰。
zǐ bù xué　fēi suǒ yí
子不学，非所宜。
yòu bù xué　lǎo hé wéi
幼不学，老何为？

译文

shēng yǎng ér nǚ què bù jǐ yǔ tā men liáng hǎo de jiào yù
生养儿女却不给予他们良好的教育，
zhè shì zuò fù mǔ de guò cuò　jiào yù xué sheng què bù yán gé yāo qiú
这是做父母的过错；教育学生却不严格要求
tā men　zhè jiù shì dāng lǎo shī de guò cuò le　xiǎo shí hou bù hǎo
他们，这就是当老师的过错了。小时候不好
hǎo xué xí　zhè shì hěn bù yīng gāi de　rú guǒ xiǎo shí hou bú kè
好学习，这是很不应该的。如果小时候不刻
kǔ dú shū xué xí de huà　dào le lǎo de shí hou　néng yǒu shén me
苦读书学习的话，到了老的时候，能有什么
zuò wéi ne
作为呢？

lǐ xī yán jiāo huáng zǐ

李希颜教皇子

dāng nián zhū yuán zhāng duó qǔ le yuán cháo de tiān xià dēng jī
当年朱元璋夺取了元朝的天下，登基
zuò le huáng dì yóu yú zhū yuán zhāng zì jǐ méi yǒu shòu guò shén me
做了皇帝。由于朱元璋自己没有受过什么
jiào yù suǒ yǐ dāng le huáng dì yǐ hòu tā hěn guān xīn huáng zǐ
教育，所以当了皇帝以后，他很关心皇子
men de jiào yù sì chù xún zhǎo míng shī yǒu rén xiàng zhū yuán zhāng
们的教育，四处寻找名师。有人向朱元璋
tuī jiàn le yí wèi lǎo shī míng jiào lǐ xī yán zhè ge rén pǐn xíng
推荐了一位老师，名叫李希颜，这个人品行
xiū yǎng jí gāo bó lǎn qún shū shì dāng shí zhù míng de dà rú
修养极高，博览群书，是当时著名的大儒。

lǐ xī yán fèng zhào rù gōng suí shēn zhǐ dài le liǎng jiàn dōng
李希颜奉召入宫，随身只带了两件东
xi yí jiàn shì hū chǐ yí jiàn shì jiè chǐ hū chǐ jiù shì jiāo
西：一件是呼尺，一件是戒尺。呼尺就是教

书先生用的惊堂木，戒尺则是用来责罚不听话的学生的工具。一开始，李希颜向皇子们讲授尧、舜、禹、商汤等人行大仁、仗大义的道理与事迹，皇子们还专心听讲。可时间一长，皇子们对老师的敬畏心就淡了，顽皮的本性就暴露出来了。一些皇子上课不是交头接耳，就是埋头酣睡。燕王朱棣的花样最多，胆子也最大，他竟然敢把老师的戒尺拿来当马鞭玩。李希颜见劝说无效，就用笔管敲他们的脑门，用戒尺打得他们嗷嗷叫。时间长了，打得多了，皇子们的脑门上都留下了痕迹。

有一次，燕王朱棣的头上被打起了一个大包，他跑到朱元璋那里告状：“这书

méi fǎ niàn le wǒ kuài bèi lǎo shī dǎ sǐ le zhū yuánzhāng fǔ
没法念了，我快被老师打死了！”朱元璋抚
mō zhe zhū dì nǎo mén shàng de dà bāo shí fēn xīn téng nù qì yóu
摸着朱棣脑门上的大包，十分心疼，怒气油
rán ér shēng lì kè xià lìng jiāng lǐ xī yán guān jìn dà láo mǎ
然而生，立刻下令将李希颜关进大牢。马
huáng hòu zhī dào hòu lián máng xún wèn zhū dì xiān sheng wèi shén
皇后知道后，连忙询问朱棣：“先生为什
me dǎ nǐ zhū dì huí dá shuō yīn wèi wǒ bù zhuān xīn niàn
么打你？”朱棣回答说：“因为我不专心念
shū nòng qīng chu qíng kuàng hòu mǎ huáng hòu biàn duì zhū yuán zhāng
书。”弄清楚情况后，马皇后便对朱元璋
shuō lǐ xiān sheng yǐ fēi cháng yán gé de tài dù lái jiào yù huáng
说：“李先生以非常严格的态度来教育皇
zǐ yě shì wèi le dà míng de jiāngshān shè jì kǎo lǜ wǒ men yīng
子，也是为了大明的江山社稷考虑，我们应
gāi gǎn xiè lǐ xiān sheng zěn me néng zé guài tā ne
该感谢李先生，怎么能责怪他呢？”

zhū yuán zhāng jué de zhè huà yǒu dào lǐ bù jǐn méi yǒu zhì lǐ
朱元璋觉得这话有道理，不仅没有治李
xī yán de zuì fǎn ér duì tā fēi cháng zūn jìng lǐ xī yán guī yǐn
希颜的罪，反而对他非常尊敬。李希颜归隐
de shí hou zhū yuán zhāng hái zhuān mén shǎng cì le tā yí jiàn hóng páo
的时候，朱元璋还专门赏赐了他一件红袍
hé dà liàng de cái wù
和大量的财物。

yù bù zhuó bù chéng qì
玉不琢，不成器。
rén bù xué bù zhī yì
人不学，不知义。
wéi rén zǐ fāng shào shí
为人子，方少时。
qīn shī yǒu xí lǐ yí
亲师友，习礼仪。

译文

gāng cǎi chū lái de yù shí rú guǒ bù jīng guò yù gōng de
刚采出来的玉石，如果不经过玉工的
dǎ mó jiù chéng bù liǎo jīng měi de yù qì yí gè rén rú guǒ bù
打磨，就成不了精美的玉器。一个人如果不
nǔ lì xué xí jiù bú huì míng bai shì lǐ zuò ér nǚ de zài
努力学习，就不会明白事理。做儿女的，在
nián qīng shí jiù yīng dāng qīn jìn zūn jìng lǎo shī hé jié jiāo hǎo de yǒu
年轻时就应当亲近、尊敬老师和结交好的友
rén xué xí rén yǔ rén zhī jiān jiāo wǎng de lǐ jié
人，学习人与人之间交往的礼节。

biàn hé xiàn yù

卞和献玉

zhàn guó shí qī chǔ guó yǒu yí gè shí jiang jiào biàn hé yǒu yì tiān tā zài jīng shān cǎi shí yì wài de fā xiàn le yí kuài dà shí tou tā jiān xìn shí tou lǐ miàn yí dìng shì kuài xī shì hǎn jiàn de bǎo yù

战国时期，楚国有一个石匠叫卞和。有一天，他在荆山采石，意外地发现了一块大石头。他坚信石头里面一定是块稀世罕见的宝玉。

biàn hé jué dìng bǎ yù xiàn gěi chǔ lì wáng chǔ lì wáng dé zhī hòu pài rén qián lái jiǎn chá dàn shì pài lái de rén jiǎn chá guò hòu huí qù bǐng gào chǔ lì wáng shuō nà zhǐ shì yí kuài pǔ tōng de shí tou lǐ miàn gēn běn bù kě néng yǒu yù chǔ lì wáng yì tīng jué de zì jǐ bèi qī piàn le bó rán dà nù mìng rén kǎn qù le biàn hé de zuǒ jiǎo

卞和决定把玉献给楚厉王，楚厉王得知后派人前来检查。但是，派来的人检查过后，回去禀告楚厉王，说那只是一块普通的石头，里面根本不可能有玉。楚厉王一听，觉得自己被欺骗了，勃然大怒，命人砍去了卞和的左脚。

chǔ lì wáng sǐ hòu tā de ér zi chǔ wǔ wáng jì wèi
楚厉王死后，他的儿子楚武王继位。
biàn hé yòu jiāng bǎo yù xiàn gěi le chǔ wǔ wáng chǔ wǔ wáng yě bù
卞和又将宝玉献给了楚武王，楚武王也不
xiāng xìn tā biàn hé yòu yīn wèi qī jūn zhī zuì bèi kǎn qù le yòu
相信他。卞和又因为欺君之罪，被砍去了右
jiǎo
脚。

chǔ wǔ wáng qù shì hòu tā de ér zi chǔ wén wáng dēng
楚武王去世后，他的儿子楚文王登
jī biàn hé xiǎng zài cì qù xiàn bǎo yù dàn shì yīn wèi tā shī qù
基。卞和想再次去献宝玉，但是因为他失去
le shuāng jiǎo wú fǎ xíng zǒu yú shì zhǐ néng huái bào zhe yù shí
了双脚，无法行走，于是只能怀抱着玉石
zuò zài lù biān dà kū chǔ wén wáng tīng shuō le zhè jiàn shì pài rén
坐在路边大哭。楚文王听说了这件事，派人
wèn biàn hé shuō wèi shén me nǐ kū de zhè me shāng xīn ne
问卞和说：“为什么你哭得这么伤心呢？”
biàn hé huí dá shuō wǒ shāng xīn de shì bǎo yù bèi dàng chéng shí
卞和回答说：“我伤心的是宝玉被当成石
tou hǎo rén bèi dàng zuò piàn zi wén wáng tīng shuō hòu mìng
头，好人被当作骗子。”文王听说后，命
rén bǎ shí tou pōu kāi lǐ miàn guǒ rán yǒu yí kuài bǎo yù hòu
人把石头剖开，里面果然有一块宝玉。后
lái zhè kuài bǎo yù jīng guò zhuó mó bèi diāo chéng le lì shǐ shàng
来，这块宝玉经过琢磨，被雕成了历史上
zuì wéi míng guì de hé shì bì
最为名贵的“和氏璧”。

xiāng jiǔ líng néng wēn xí
香九龄，能温席。
xiào yú qīn suǒ dāng zhí
孝于亲，所当执。
róng sì suì néng ràng lí
融四岁，能让梨。
tì yú zhǎng yí xiān zhī
弟于长，宜先知。

译文

jiǔ suì de huáng xiāng jiù zhī dào yòng zì jǐ de shēn tǐ gěi fù qīn nuǎn bèi wō xiào jìng zì jǐ de shuāng qīn zhè shì měi ge zuò ér nǚ de dōu yīng dāng zuò dào de kǒng róng sì suì shí jiù zhī dào bǎ dà de lí ràng gěi gē ge chī zhè zhǒng zūn jìng xiōng zhǎng yǒu ài qiān ràng de dào lǐ shì měi ge rén cóng xiǎo jiù yīng gāi zhī dào de

九岁的黄香就知道用自己的身体给父亲暖被窝。孝敬自己的双亲，这是每个做儿女的都应当做到的。孔融四岁时，就知道把大的梨让给哥哥吃。这种尊敬兄长、友爱谦让的道理，是每个人从小就应该知道的。

kǒng róng ràng lí
孔融让梨

kǒng róng shì dōng hàn shí qī lǔ guó rén, shì kǒng zǐ de dì èr shí shì sūn. tā zì yòu cōng míng hào xué, cái sī mǐn jié, dà jiā dōu kuā tā shì shén tóng.

孔融是东汉时期鲁国人，是孔子的第二十世孙。他自幼聪明好学，才思敏捷，大家都夸他是神童。

yì tiān, yǒu wèi kè rén lái kǒng róng jiā zhōng bài fǎng, bìng dài lái le yì kuāng lí. kǒng róng xiōng dì qī rén wéi zhe zhuō zi, kàn zhe huáng dēng dēng de lí, dōu hěn xiǎng chī. fù qīn kàn dào hòu, ràng kǒng róng hé zuì xiǎo de dì di xiān ná. kǒng róng kàn le kàn kuāng zhōng de lí, fā xiàn lí yǒu dà yǒu xiǎo. tā bù tiāo hǎo de, yě bù jiǎn dà de, ér shì ná le yì zhī zuì xiǎo de lí

一天，有位客人来孔融家中拜访，并带来了一筐梨。孔融兄弟七人围着桌子，看着黄澄澄的梨，都很想吃。父亲看到后，让孔融和最小的弟弟先拿。孔融看了看筐中的梨，发现梨有大有小。他不挑好的，也不拣大的，而是拿了一只最小的梨

zi jīn jīn yǒu wèi de chī le qǐ lái dà jiā dōu jué de hěn qí
子，津津有味地吃了起来。大家都觉得很奇
guài jiù wèn tā zhè me duō de lí ràng nǐ xiān ná nǐ
怪，就问他：“这么多的梨，让你先拿，你
wèi shén me bù ná dà de zhǐ ná yí gè zuì xiǎo de ne kǒng
为什么不拿大的，只拿一个最小的呢？”孔
róng hěn cóng róng de huí dá shuō wǒ nián jì xiǎo yīng gāi ná zuì
融很从容地回答说：“我年纪小，应该拿最
xiǎo de dà de yīng gāi liú gěi gē ge chī fù qīn tīng hòu
小的，大的应该留给哥哥吃。”父亲听后，
jiē zhe wèn tā dì di bú shì bǐ nǐ hái yào xiǎo ma zhào nǐ
接着问他：“弟弟不是比你还要小吗？照你
zhè me shuō tā yīng gāi ná zuì xiǎo de yí gè cái duì ya kǒng
这么说，他应该拿最小的一个才对呀？”孔
róng yòu huí dá shuō wǒ shì gē ge wǒ bǐ dì di dà yīng
融又回答说：“我是哥哥，我比弟弟大，应
gāi bǎ dà de liú gěi dì di chī fù qīn tīng kǒng róng zhè me
该把大的留给弟弟吃。”父亲听孔融这么
shuō fēi cháng gāo xìng chēng zàn tā shuō nǐ zhēn shì yí gè
说，非常高兴，称赞他说：“你真是一个
hǎo hái zi xiàn zài jiù dǒng de zūn jìng xiōng zhǎng de dào lǐ yǐ hòu
好孩子，现在就懂得尊敬兄长的道理，以后
yí dìng huì dà yǒu chū xi guǒ rán kǒng róng zhǎng dà hòu zuò
一定会大有出息。”果然，孔融长大后，做
le běi hǎi tài shǒu chéng le shòu rén jìng yǎng de yì míng hǎo guān
了北海太守，成了受人敬仰的一名好官。

yuē chūn xià, yuē qiū dōng,
曰春夏，曰秋冬，
cǐ sì shí, yùn bù qióng
此四时，运不穷。
yuē nán běi, yuē xī dōng,
曰南北，曰西东，
cǐ sì fāng, yìng hū zhōng
此四方，应乎中。

译文

春、夏、秋、冬叫做四季。这四时季节不断变化，春去夏来，秋去冬来，如此循环往复，永不停止。东、南、西、北，这叫做“四方”。这四个方位，必须有一个中央位置对应，才能把各个方位定出来。

宋太宗雪中送炭

宋太宗出生于一个贫苦的军人世家，幼年时他曾跟随父亲四处逃避战乱，饱尝了生活的艰辛；成年之后他又追随哥哥东征西讨，十分清楚创业的艰难。因此，即使在当上了皇帝之后，他的生活依然过得十分简朴。

某一年的冬天，天气异常寒冷，北风夹着鹅毛般的大雪，下个没完没了。宋太宗在皇宫中穿着皮袍，点着火盆，还觉得瑟瑟发抖。他

kàn zhe chuāng wài de dà xuě tū rán xiǎng dào tiān qì zhè me lěng nà
看着窗外的大雪，突然想到：天气这么冷，那
xiē qióng kǔ de rén jiā nǎ yǒu pí páo hé tàn huǒ lái yù hán a yú shì
些穷苦的人家哪有皮袍和炭火来御寒啊！于是，
tā mǎ shàng zhào dà chén jìn gōng duì tā men shuō rú jīn tiān hán dì
他马上召大臣进宫，对他们说：“如今天寒地
dòng wǒ men yǒu chī yǒu chuān yǒu tàn huǒ de rén dōu dòng de fā dǒu nà
冻，我们有吃有穿有炭火的人都冻得发抖，那
xiē quē yī shǎo shí yòu shāo bù qǐ tàn huǒ de qióng rén zěn me néng gòu shòu de
些缺衣少食又烧不起炭火的穷人怎么能够受得
liǎo ne nǐ men mǎ shàng dài zhe yī shí hé mù tàn qù chéng zhōng zǒu yì
了呢？你们马上带着衣食和木炭，去城中走一
zǒu kàn yí kàn bǎ dōng xi fēn gěi nà xiē qióng kǔ rén jiā hé gū guǎ lǎo
走，看一看，把东西分给那些穷苦人家和孤寡老
rén ràng tā men bú zhì shòu dòng ái è dà chén men lǐng mìng hòu lì
人，让他们不致受冻挨饿。”大臣们领命后，立
jí shuài lǐng yá yi zhǔn bèi hǎo yī fu liáng shi hé
即率领衙役，准备好衣服、粮食和
mù tàn āi jiā āi hù de qù wèn hòu
木炭，挨家挨户地去问候。

shòu dào yuán zhù de bǎi xìng dōu
受到援助的百姓都
shí fēn gǎn jī zài lì shǐ shàng liú
十分感激，在历史上留
xià le sòng tài zōng xuě zhōng sòng
下了宋太宗“雪中送
tàn de jiā huà
炭”的佳话。

曰水火，木金土，
此五行，本乎数。
曰仁义，礼智信，
此五常，不容紊。

译文

说到“五行”，那就是金、木、水、火、土。这五种常见的元素，是一切物质的来源。仁、义、礼、智、信这五条准则，必须遵守，不容紊乱。

伏羲制八卦

传说在很久很久以前，人们对大自然还一无所知。每当刮风下雨、电闪雷鸣，人们就会提心吊胆，不知道是怎么回事。当时，有一个部落首领叫做伏羲，他是天神的儿子，十分聪明，每当人们遇到无法解答的问题时，都会到宛丘来向他请教。可是对于大自然这些奇奇怪怪的现象，伏羲也解答不了。因此，他经常环顾四方，举目六合，揣摩猜想日月经天、斗转星移、大地寒

shǔ huā kāi huā luò de biàn huà guī lǜ
暑、花开花落的变化规律。

yǒu yì tiān fú xī zài hé lǐ bǔ yú zhuō dào le yì zhī
有一天，伏羲在河里捕鱼，捉到了一只
bái guī tā gǎn kuài wā le yí gè dà shuǐ chí bǎ bái guī yǎng le
白龟，他赶快挖了一个大水池，把白龟养了
qǐ lái guò le jǐ tiān fú xī zhèng yào qù gěi bái guī wèi shí
起来。过了几天，伏羲正要去给白龟喂食，
hū rán yǒu rén huāng huāng zhāng zhāng de pǎo lái shuō shuǐ chí lǐ yǒu
忽然有人慌慌张张地跑来，说水池里有
gè dà guài wu fú xī guò qù yí kàn guǒ rán yǒu gè guài wu
个大怪物。伏羲过去一看，果然有个怪物，
zhǎng de shuō lóng bú xiàng lóng shuō mǎ bú xiàng mǎ zài shuǐ miàn
长得说龙不像龙，说马不像马，在水面
shàng zǒu lái zǒu qù nà guài wu kàn dào fú xī jìng rán lái dào tā
上走来走去。那怪物看到伏羲，竟然来到他
miàn qián lǎo lǎo shí shí de zhàn nà er yí dòng bú dòng fú xī zǐ
面前，老老实实地站那儿一动不动。伏羲仔
xì shěn shì fā xiàn guài wu de bèi shàng zhǎng yǒu huā wén yī liù
细审视，发现怪物的背上长有花纹：一六
jū xià èr qī jū shàng sān bā jū zuǒ sì jiǔ jū yòu
居下，二七居上，三八居左，四九居右，
wǔ shí jū zhōng fú xī yì shí yě bù míng bai zhè huā wén shì shén me
五十居中。伏羲一时也不明白这花纹是什么
yì si biàn zhào zhe yàng zi bǎ tā men huà zài le yí piàn dà shù yè
意思，便照着样子把它们画在了一片大树叶
shàng tā gāng huà wán nà ge guài wu jiù dà jiào yì shēng téng
上。他刚画完，那个怪物就大叫一声，腾

kōng ér qǐ zhuǎn yǎn bú jiàn le
空而起，转眼不见了。

cóng cǐ yǐ hòu fú xī zhěng tiān ná zhe nà piàn shù yè
从此以后，伏羲整天拿着那片树叶，
zuó mo shàng miàn de huā wén zhè yì tiān tā zhèng zuò zài bái guī
琢磨上面的花纹。这一天，他正坐在白龟
chí biān sī kǎo hū rán tīng jiàn chí shuǐ huā huā zuò xiǎng dìng jīng yí
池边思考，忽然听见池水哗哗作响，定睛一
kàn yuán lái shì bái guī cóng shuǐ dǐ yóu le shàng lái liǎng yǎn liàng
看，原来是白龟从水底游了上来，两眼亮
jīng jīng de wàng zhe fú xī bìng xiàng tā diǎn le sān xià tóu jiē zhe
晶晶地望着伏羲并向他点了三下头，接着
jiāng nǎo dai wǎng dù lǐ yì suō wò zài shuǐ biān bú dòng le fú xī
将脑袋往肚里一缩，卧在水边不动了。伏羲
jù jīng huì shén de guān chá qǐ bái guī lái tā fā xiàn bái guī guī gài
聚精会神地观察起白龟来，他发现白龟龟盖
shàng de huā wén zhōng jiān wǔ kuài zhōu wéi bā kuài wài quān shí èr
上的花纹中间五块，周围八块，外圈十二
kuài zuì wài quān èr shí sì kuài dùn shí wù chū le tiān dì wàn wù
块，最外圈二十四块，顿时悟出了天地万物
biàn huà de guī lǜ wéi yǒu yì yīn yì yáng ér yǐ yú shì huà
变化的规律——唯有一阴一阳而已，于是画
chū le bā guà tú chuán shuō gēn jù bā guà tú fú xī kě yǐ cè
出了八卦图。传说根据八卦图，伏羲可以测
suàn chū tiān jī wèi rén men xiāo zāi jiě nàn
算出天机，为人们消灾解难。

稻粱菽，麦黍稷，
此六谷，人所食。
马牛羊，鸡犬豕，
此六畜，人所饲。

译文

稻、粱、菽、麦、黍、稷这六种谷物，是人类的主要粮食。马、牛、羊、鸡、狗、猪这六种动物，都是人类驯化饲养的家畜。

lǎo mǎ shí tú
老马识途

chūn qiū shí qī běi fāng yǒu yì zhī yóu mù de mán zú jiào
　　春秋时期，北方有一支游牧的蛮族，叫
zuò róng róng zú shēng xìng hào zhàn jīng cháng sāo rǎo lín jìn
做“戎”。戎族生性好战，经常骚扰邻近
de yān guó shǐ de yān guó běi bù biān jiāng fēi cháng bù ān dìng hěn
的燕国，使得燕国北部边疆非常不安定，很
duō biān fáng yào sài dōu yīn cǐ huāng fèi diào le yān guó de guó jūn kàn
多边防要塞都因此荒废掉了。燕国的国君看
dào róng zú qì yàn rú cǐ xiāo zhāng jiù jué dìng qīn zì dài bīng xiāo miè
到戎族气焰如此嚣张，就决定亲自带兵消灭
tā men qí guó de qí huán gōng yìng yān guó guó jūn de qǐng qiú yě
他们。齐国的齐桓公应燕国国君的请求，也
dài bīng qián lái yuán zhù yān guó
带兵前来援助燕国。

zhàn zhēng jìn xíng de hěn shùn lì qí guó jūn duì hěn kuài jiù
　　战争进行得很顺利，齐国军队很快就
dǎ bài le róng zú qí huán gōng běn xiǎng jǐn kuài bān shī huí cháo
打败了戎族，齐桓公本想尽快班师回朝，

可没想到，戎族的残余势力又请来了救兵——孤竹国的军队。孤竹国的答里呵国王是一个工于心计的人，他知道自己不是齐国的对手，又不甘心就此认输，于是就想出一条计谋来陷害齐桓公。答里呵叫自己的元帅黄花假装向齐桓公投降，并以带路为名，将齐国的军队引到一个叫“迷谷”的地方。迷谷其实是一片大沙漠，荒无人烟，气候干燥，终年风沙不断。迷谷的环境十分恶劣，白天气温很高，晚上又寒气逼人，进去的人很少能活着出来。

齐桓公跟着黄花进入迷谷后不久，黄花就不见了。齐桓公立刻明白自己上了黄花的当，但为时已晚，他只好率领军队赶

kuài xún zhǎo chū qù de lù rán ér dà duì rén mǎ zhē teng le yí
快寻找出去的路。然而，大队人马折腾了一
yè yě méi yǒu zhǎo dào chū lù hěn duō shì bīng lèi de jīn pí lì
夜，也没有找到出路。很多士兵累得筋疲力
jìn zài jiā shàng méi yǒu dài zú gòu de shuǐ bù shǎo shì bīng kǒu
尽，再加上没有带足够的水，不少士兵口
gān shé zào yǎn kàn jiù kuài kě sǐ le kàn dào zhè zhǒng qíng xing
干舌燥，眼看就快渴死了。看到这种情形，
xiàng guó guǎn zhòng hū rán xiǎng dào yí gè bàn fǎ tā duì qí huán
相国管仲忽然想到一个办法。他对齐桓
gōng shuō wǒ zhī dào mǎ shì yì zhǒng fāng xiàng gǎn hěn qiáng de dòng
公说：“我知道马是一种方向感很强的动
wù bù guǎn lí kāi yuán lái de dì fang duō me yáo yuǎn tā men dōu
物，不管离开原来的地方多么遥远，它们都
néng gòu àn zhào yuán lù fǎn huí qù qí huán gōng yì tīng mǎ
能够按照原路返回去。”齐桓公一听，马
shàng mìng lìng shǒu xià zhǎo lái le jǐ pǐ lǎo mǎ ràng tā men zì yóu
上命令手下找来了几匹老马，让它们自由
de zài qián miàn xíng zǒu bìng mìng lìng jūn duì zài hòu miàn gēn zhe
地在前面行走，并命令军队在后面跟着。

dà gài guò le yì tiān de shí jiān lǎo mǎ zhōng yú jiāng qí
大概过了一天的时间，老马终于将齐
guó de jūn duì dài chū le mí gǔ qí huán gōng hé tā de jūn duì yě
国的军队带出了迷谷，齐桓公和他的军队也
yīn cǐ táo guò le yì jié
因此逃过了一劫。

gāo zēng zǔ fù ér shēn
高曾祖，父而身，
shēn ér zǐ zǐ ér sūn
身而子，子而孙。
zì zǐ sūn zhì xuán zēng
自子孙，至玄曾，
nǎi jiǔ zú rén zhī lún
乃九族，人之伦。

译文

yóu gāo zǔ fù shēng zēng zǔ fù zēng zǔ fù shēng zǔ fù zǔ fù shēng fù qīn fù qīn shēng wǒ men zì jǐ zài yóu zì jǐ shēng ér zi ér zi zài shēng sūn zi yóu zì jǐ de ér zi sūn zi zài jiē xià qù jiù shì zēng sūn xuán sūn cóng gāo zǔ fù dào xuán sūn yí gòng shì jiǔ dài chēng wéi jiǔ zú zhè jiǔ zú dài biǎo zhe jiā zú de zhǎng yòu zūn bēi zhì xù hé jiā zú xuè tǒng de chéng xù guān xi

由高祖父生曾祖父，曾祖父生祖父，祖父生父亲，父亲生我们自己，再由自己生儿子，儿子再生孙子。由自己的儿子、孙子再接下去，就是曾孙、玄孙。从高祖父到玄孙，一共是九代，称为“九族”。这九族代表着家族的长幼尊卑秩序和家族血统的承续关系。

yú gōng yí shān

愚公移山

cóng qián yǒu yí wèi lǎo rén míng jiào yú gōng kuài jiǔ shí
从前有一位老人，名叫愚公，快九十
suì le tā de jiā mén kǒu yǒu liǎng zuò dà shān yí zuò jiào tài háng
岁了。他的家门口有两座大山，一座叫太行
shān yí zuò jiào wáng wū shān yì tiān yú gōng zhào jí quán jiā
山，一座叫王屋山。一天，愚公召集全家
rén shuō zhè liǎng zuò dà shān dǎng zài le zán men jiā mén qián hài
人说："这两座大山挡在了咱们家门前，害
de zán men chū mén yào zǒu xǔ duō yuān wang lù zán men bù rú quán
得咱们出门要走许多冤枉路。咱们不如全
jiā chū lì yí zǒu zhè liǎng zuò dà shān dà jiā kàn zěn me yàng
家出力，移走这两座大山，大家看怎么样？"
yú gōng de ér zi sūn zi men yì tīng dōu fēn fēn biǎo shì zàn
愚公的儿子、孙子们一听，都纷纷表示赞
chéng kě shì yú gōng de qī zi què tí chū le fǎn duì yì jiàn
成，可是愚公的妻子却提出了反对意见：
jì rán zán men yǐ jīng zhè yàng shēng huó le xǔ duō nián wèi shén
"既然咱们已经这样生活了许多年，为什

me bú jì xù xià qù ne
么不继续下去呢？
kuàng qiě zhè me dà de liǎng
况且，这么大的两
zuò shān jí shǐ kě yǐ yì diǎn
座山，即使可以一点
yì diǎn yí zǒu nǎ lǐ yòu fàng
一点移走，哪里又放
de xià zhè me duō shí tou hé ní
得下这么多石头和泥
tǔ ne tā de huà lì kè
土呢？”她的话立刻
yǐn qǐ le dà jiā de yì lùn
引起了大家的议论。
zuì hòu jīng guò shāng liang yú gōng hé ér sūn men yí zhì jué dìng
最后经过商量，愚公和儿孙们一致决定：
bǎ shān shàng de shí tou hé ní tǔ yùn sòng dào hǎi lǐ qù
把山上的石头和泥土运送到海里去。

dì èr tiān yú gōng jiù dài zhe yì jiā rén kāi shǐ bān shān
第二天，愚公就带着一家人开始搬山
le yú gōng de lín jū shì yí wèi guǎ fu tā yǒu yí gè ér
了。愚公的邻居是一位寡妇，她有一个儿
zi cái qī bā suì tīng shuō yào bān shān yě gāo gāo xìng xìng de
子，才七八岁，听说要搬山，也高高兴兴地
guò lái bāng máng yóu yú gōng jù jiǎn lòu ér qiě liǎng zuò dà shān
过来帮忙。由于工具简陋，而且两座大山
yǔ hǎi zhī jiān yě xiāng jù hěn yuǎn yí gè rén yì tiān wǎng fǎn bù liǎo
与海之间也相距很远，一个人一天往返不了

liǎng tàng zhè yàng yí gè yuè gàn xià lái dà shān kàn qǐ lái hái gēn
两趟。这样一个月干下来，大山看起来还跟

yuán lái yí yàng yǒu yí gè jiào zhì sǒu de lǎo tóu wéi rén hěn jīng
原来一样。有一个叫智叟的老头，为人很精

míng tā kàn jiàn yú gōng yì jiā bān shān jué dé shí fēn kě xiào
明。他看见愚公一家搬山，觉得十分可笑。

yǒu yì tiān zhì sǒu duì yú gōng shuō nǐ zhè me dà suì shù
有一天，智叟对愚公说：“你这么大岁数

le tuǐ jiǎo yòu bù líng bian zěn me néng bān wán zhè liǎng zuò dà shān
了，腿脚又不灵便，怎么能搬完这两座大山

ne yú gōng huí dá dào wǒ suī rán nián jì hěn dà le
呢？”愚公回答道：“我虽然年纪很大了，

dàn shì wǒ hái yǒu ér zi wǒ de ér zi sǐ le hái yǒu sūn
但是我还有儿子；我的儿子死了，还有孙

zi zhè yàng zǐ zǐ sūn sūn yì zhí chuán xià qù wú qióng wú
子。这样子子孙孙，一直传下去，无穷无

jìn shān shàng de shí tou què shì bān zǒu yì diǎn er jiù shǎo yì diǎn
尽。山上的石头却是搬走一点儿就少一点

er wǒ men zhè yàng tiān tiān bān yuè yuè bān nián nián bān wèi
儿。我们这样天天搬，月月搬，年年搬，为

shén me bān bù zǒu shān ne jiù zhè yàng yú gōng bú gù bié rén
什么搬不走山呢？”就这样，愚公不顾别人

de jī xiào dài lǐng yì jiā rén bú lùn kù shǔ yán dōng měi tiān
的讥笑，带领一家人，不论酷暑严冬，每天

dōu wā shān bù zhǐ tā de xíng wéi zhōng yú gǎn dòng le tiān dì
都挖山不止。他的行为终于感动了天帝，

tiān dì pài qiǎn liǎng wèi shén xiān bǎ dà shān dōu bān zǒu le
天帝派遣两位神仙，把大山都搬走了。

fù zǐ ēn　fū fù cóng
父子恩，夫妇从，
xiōng zé yǒu　dì zé gōng
兄则友，弟则恭。
zhǎng yòu xù　yǒu yǔ péng
长幼序，友与朋，
jūn zé jìng　chén zé zhōng
君则敬，臣则忠。

译文

fù zǐ zhī jiān yào yǒu zhēn zhì de gǎn qíng　fū fù zhī jiān yào hé mù　gē ge yào ài hù dì di　dì di yào zūn jìng gē ge
父子之间要有真挚的感情，夫妇之间要和睦，哥哥要爱护弟弟，弟弟要尊敬哥哥。

nián líng dà xiǎo yào yǒu cì xù　péng you zhī jiān yào yǒu hǎo xiāng chǔ
年龄大小要有次序，朋友之间要友好相处，

huáng dì duì chén zǐ yào jìng zhòng　chén zǐ duì huáng dì yào zhōng chéng
皇帝对臣子要敬重，臣子对皇帝要忠诚。

桃园三结义

东汉末年，朝政腐败，再加上连年灾荒，人民生活非常困苦，各地都相继发生了叛乱。

涿郡（今河北涿州）有一个叫做刘备的人，他祖上本来是汉室宗亲，但家境早已衰落，落得以编织草鞋为生。尽管如此，刘备还是胸怀大志，想要拯救百姓于水火之中。这一天，郡上贴出了一张招募起义军的榜文，很多人围着观看，刘备也挤了进去。看到榜文，想到自己空有一番抱负却没法实现，刘备不禁仰天长叹。

这时，人群中突然有一个人高声喝道：“大丈夫不为国家出力，还叹个什么气！”刘备回头一看，说话的原来是郡中一个卖酒杀猪的壮士，名叫张飞。这张飞身高八尺，豹子头，圆眼睛，满腮的胡须像钢丝一样竖着，声如洪钟，样子十分威武。刘备听说张飞生性豪爽，喜欢结交英雄豪杰，于是邀请他到一家酒馆中坐了下来，慢慢向他讲述了自己报国无门的苦恼，两人谈起话来十分投机。

就在这时，只见从门外又进来一位身形魁梧的大汉，他刚进门就大声叫酒保：“快拿酒来，我赶着进城投军去。”刘备一看，这个人有九尺高，胸前长须飘飘，脸色好像红枣一样，长着一双丹凤眼，两条卧蚕眉。刘备连忙走过去邀这个人同坐，并得知他叫关羽。经过一番倾心交谈，这三个人意气相投，志同道合，都想干一番大事业，于是商定结为异姓兄弟。

当时正值桃花盛开的时节，刘备、关羽、张飞三人便来到桃园之中，焚香祭告天地，不求同年同月同日生，只愿同年同月同日死。按照年岁大小，刘备做了大哥，关羽排第二，张飞最小，排第三。从此，他们三人互相扶持，共同进退，最终建立起了与魏、吴鼎足而立的蜀国。

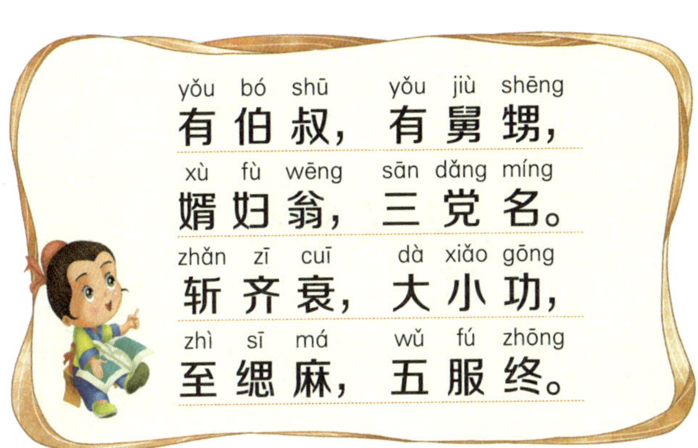

yǒu bó shū yǒu jiù shēng
有伯叔，有舅甥，
xù fù wēng sān dǎng míng
婿妇翁，三党名。
zhǎn zī cuī dà xiǎo gōng
斩齐衰，大小功，
zhì sī má wǔ fú zhōng
至缌麻，五服终。

译文

fù qīn zhè yì zú yǒu bó bo hé shū shu mǔ qīn zhè yì zú yǒu jiù jiu hé wài sheng qī zi zhè yì zú yǒu yuè fù hé qǐ lái jiào zuò sān dǎng zhǎn cuī zī cuī dà gōng xiǎo gōng hé sī má zhè shì zhōng guó gǔ dài qīn zú zhōng bù tóng de rén sǐ qù shí xiào zǐ chuān de wǔ zhǒng xiào fú

父亲这一族有伯伯和叔叔，母亲这一族有舅舅和外甥，妻子这一族有岳父，合起来叫做“三党”。斩衰、齐衰、大功、小功和缌麻，这是中国古代亲族中不同的人死去时孝子穿的五种孝服。

mǎ yuán jiào zhí

马援教侄

mǎ yuán shì dōng hàn shí qī de míng jiàng tā běn xìng zhào zǔ
马援是东汉时期的名将，他本姓赵，祖
xiān shì zhàn guó shí qī zhào guó de míng jiàng zhào shē zhào shē yīn wèi
先是战国时期赵国的名将赵奢。赵奢因为
zhàn gōng zhuó jué bèi cì hào mǎ fú jūn zì cǐ zhào shē
战功卓绝被赐号“马服君”，自此，赵奢
de hòu rén biàn yǐ mǎ wéi xìng hàn guāng wǔ dì shí mǎ yuán bèi
的后人便以马为姓。汉光武帝时，马援被
rèn mìng wéi fú bō jiāng jūn hòu yòu bèi fēng wéi xīn xī hóu dàn tā
任命为伏波将军，后又被封为新息侯。但他
bù jǐn jū gōng bú ào fǎn ér gèng jiā yán yú lǜ jǐ duì jiā tíng
不仅居功不傲，反而更加严于律己，对家庭
chéng yuán de jiào yù yě fēi cháng yán gé jí shǐ shì zài zhēng zhàn shā
成员的教育也非常严格，即使是在征战沙
chǎng qī jiān yě cháng cháng chōu kòng xiě xìn gěi jiā lǐ gěi hái zi
场期间，也常常抽空写信给家里，给孩子
men jiǎng zuò rén de dào lǐ
们讲做人的道理。

yǒu yí duàn shí jiān mǎ yuán de liǎng gè zhí zi mǎ yán
有一段时间，马援的两个侄子马严、
mǎ dūn shòu shí fēng de yǐng xiǎng yǎng chéng le xǐ huan jī fěng yì
马敦受时风的影响，养成了喜欢讥讽、议
lùn bié rén de xí guàn bìng qiě cháng hé yì xiē qīng fú de xiá kè
论别人的习惯，并且常和一些轻浮的侠客
lái wǎng mǎ yuán zhī dào hòu lì kè xiě le yì fēng xìn jì dào jiā
来往。马援知道后，立刻写了一封信寄到家
lǐ zài xìn zhōng mǎ yuán jiào yù liǎng gè zhí zi shuō nǐ men
里。在信中，马援教育两个侄子说："你们
zhī dào wǒ zuì tǎo yàn yì lùn bié rén de cháng duǎn bìng qiě yì zhí shēn
知道我最讨厌议论别人的长短，并且一直身
tǐ lì xíng xiàn zài zài yí cì tí qǐ shì xī wàng yǐn qǐ nǐ men de
体力行，现在再一次提起是希望引起你们的
zhòng shì zài rì cháng shēng huó zhōng yǐn yǐ wéi jiè lóng bó gāo wéi
重视，在日常生活中引以为戒。龙伯高为
rén zhōng hòu jǐn shèn jí shǐ zài bèi hòu tán huà yě bù suí biàn
人忠厚、谨慎，即使在背后谈话，也不随便
shuō bié rén de shì fēi bìng qiě tā hái yǒu qiān xū jié jiǎn lián
说别人的是非，并且他还有谦虚、节俭、廉
jié gōng zhèng děng hěn duō měi dé shì yí wèi wēi wàng hěn gāo de
洁、公正等很多美德，是一位威望很高的
rén wǒ yì zhí dōu fēi cháng jìng zhòng tā yě xī wàng nǐ men néng
人。我一直都非常敬重他，也希望你们能
xiàng tā xué xí dù jì liáng wéi rén háo shuǎng xiá yì néng gòu
向他学习。杜季良为人豪爽、侠义，能够
bǎ bié rén de shì dàng chéng zì jǐ de shì lái duì dài yǔ tā jiāo
把别人的事当成自己的事来对待，与他交

wǎng de rén bú lùn hǎo rén huài rén tā dōu bù dé zuì suǒ yǐ
往的人不论好人坏人，他都不得罪。所以，

tā fù qīn sǐ hòu fù jìn jǐ gè jùn de rén dōu lái diào yàn zhè
他父亲死后，附近几个郡的人都来吊唁。这

yàng de rén wǒ yě hěn jìng zhòng dàn què bù tí chàng nǐ men xiàng tā
样的人我也很敬重，但却不提倡你们向他

xué xí yīn wèi xiàng lóng bó gāo xué xí jí shǐ xué bú dào tā de
学习。因为向龙伯高学习，即使学不到他的

wéi rén dào bù liǎo tā de jìng jiè hái kě yǐ chéng wéi yí gè jǐn
为人，到不了他的境界，还可以成为一个谨

shèn qín miǎn de rén zhè jiù xiàng diāo kè tiān é yí yàng jí shǐ
慎、勤勉的人，这就像雕刻天鹅一样，即使

bú xiàng tiān é qǐ mǎ hái xiàng yì zhī yā zi dàn shì xiàng dù
不像天鹅，起码还像一只鸭子。但是向杜

jì liáng xué xí rú guǒ dào bù liǎo tā nà zhǒng dì bù nà nǐ men
季良学习，如果到不了他那种地步，那你们

jiù huì chéng wéi yí gè qīng fú làng dàng de rén zhè jiù xiàng huà
就会成为一个轻浮、浪荡的人，这就像画

hǔ méi huà hǎo fǎn ér xiàng tiáo gǒu yí yàng
虎没画好，反而像条狗一样。”

zhí zi men kàn wán le mǎ yuán de shū xìn xiǎng qǐ zì jǐ
侄子们看完了马援的书信，想起自己

yǐ wǎng de xíng wéi dōu gǎn dào hěn cán kuì cóng cǐ yǐ hòu tā
以往的行为，都感到很惭愧。从此以后，他

men gǎi diào le huài xí guàn bú zài yǔ qīng fú de rén lái wǎng dōu
们改掉了坏习惯，不再与轻浮的人来往，都

chéng wéi le zhōng hòu zhèng zhí de rén
成为了忠厚正直的人。

fán xùn méng，xū jiǎng jiū，
凡训蒙，须讲究，
xiáng xùn gǔ，míng jù dòu。
详训诂，明句读。
lǐ yuè shè，yù shū shù，
礼乐射，御书数，
gǔ liù yì，jīn bú jù。
古六艺，今不具。

译文

jiào dǎo ér tóng bì xū gěi tā men jiǎng jiě yì lǐ，kǎo jiu shì shí，xiáng xì jiǎng jiě zì jù de hán yì，shuō míng yīng gāi zài nǎ lǐ duàn jù。gǔ dài de dú shū rén yào xué xí lǐ jié、yīn yuè、shè jiàn、jià chē、shū fǎ hé suàn shù。xiàn zài de dú shū rén hěn duō dōu bú jù bèi zhè xiē zhī shi。

教导儿童必须给他们讲解义理，考究事实，详细讲解字句的含义，说明应该在哪里断句。古代的读书人要学习礼节、音乐、射箭、驾车、书法和算术。现在的读书人很多都不具备这些知识。

yǎng yóu jī bǎi bù chuān yáng

养由基百步穿杨

chūn qiū zhàn guó shí qī chǔ guó yǒu liǎng gè zhù míng de shè

春秋战国时期，楚国有两个著名的射

jiàn shǒu yí gè míng jiào pān hǔ yí gè míng jiào yǎng yóu jī zhè

箭手，一个名叫潘虎，一个名叫养由基。这

liǎng gè rén de jiàn shù dōu shí fēn gāo míng nán fēn gāo xià yú shì

两个人的箭术都十分高明，难分高下，于是

yuē dìng jìn xíng yì chǎng bǐ sài

约定进行一场比赛。

zhè yì tiān chǎng dì shàng wéi mǎn le rén bǎ zi shè zài

这一天，场地上围满了人，靶子设在

wǔ shí bù yǐ wài chēng qǐ yí kuài mù bǎn bǎn shàng yǒu yí gè

五十步以外，撑起一块木板，板上有一个

hóng xīn pān hǔ xiān shè zhǐ jiàn tā lā kāi qiáng gōng yì lián sān

红心。潘虎先射，只见他拉开强弓，一连三

jiàn dōu zhèng zhòng hóng xīn bó dé wéi guān de rén yí piàn hè cǎi

箭都正中红心，博得围观的人一片喝彩。

lún dào yǎng yóu jī le tā huán shì le yí xià sì zhōu shuō

轮到养由基了，他环视了一下四周，说：

“射五十步外的红心，目标太近了，我还是射百步外的柳叶吧！”说完，他指着百步外的一棵杨柳树，叫人在树上任意选一片叶子，涂上红色作为靶子。接着，他拉开弓，“嗖”地一声射去，结果箭正好贯穿这片杨柳叶的中心，在场的人都惊呆了。

潘虎自知没有这样高明的本领，但又不相信养由基箭箭都能射穿杨柳叶，于是走到那棵杨柳树下，又选了三片杨柳叶，在上面用颜色编上号，请养由基按编号次序再射一次。养由基看清了编号，然后退到百步之外，拉开弓，“嗖”“嗖”“嗖”三箭，分别射中了三片编着号的杨柳叶。这一次，喝彩声雷动，潘虎也心服口服。

然而就在一片喝彩声中，突然冒出了一句冷冷的话："有了百步穿杨的本领，才值得我教导了！"养由基一听这个人的口气这么大，不禁转过身去生气地问道："你准备怎样教我射箭？"那人平静地说："我并不是要教你怎样弯弓射箭，而是来提醒你该怎样保持射箭名声。你是否想过，一旦力气用尽，只要一箭不中，你那百发百中的名声就会受到影响。一个真正善于射箭的人，应当注意保持名声！"养由基听了这番话，觉得很有道理，于是再三向他道谢。

wéi shū xué rén gòng zūn
惟书学，人共尊，
jì shí zì jiǎng shuō wén
既识字，讲说文。
yǒu gǔ wén dà xiǎo zhuàn
有古文，大小篆，
lì cǎo jì bù kě luàn
隶草继，不可乱。

译文

yán jiū wén zì de xué wen shì rén rén dōu yīng gāi zhǎng wò de
研究文字的学问是人人都应该掌握的。
xué xí wén zì zuì hǎo cān zhào shuō wén jiě zì zhè běn shū
学习文字，最好参照《说文解字》这本书。
xiān yǒu shàng gǔ wén zì hòu yǒu dà zhuàn xiǎo zhuàn zài yǒu lì shū
先有上古文字，后有大篆、小篆，再有隶书
hé cǎo shū zhè ge shùn xù bù néng hùn luàn
和草书，这个顺序不能混乱。

mǐ fú xué zì
米芾学字

mǐ fú shì běi sòng shí zhù míng de dà cái zǐ tā néng zuò shī
米芾是北宋时著名的大才子，他能作诗
wén shàn cháng shū huà yóu qí shì yì shǒu zì xiě de xióng qí
文，擅长书画，尤其是一手字，写得雄奇
wěn jiàn piāo yì qīng xīn
稳健，飘逸清新。

mǐ fú xiǎo shí hou jiā jìng bìng bú fù yù tā zài yì jiā
米芾小时候，家境并不富裕，他在一家
sī shú zhōng xué xí xiě zì kě shì liàn le sān nián yě méi yǒu shén
私塾中学习写字，可是练了三年也没有什
me zhǎng jìn yí cì mǐ fú tīng shuō yǒu wèi lù guò cūn lǐ de
么长进。一次，米芾听说有位路过村里的
gǎn kǎo xiù cai xiě dé yì shǒu hǎo zì jiù qián qù qǐng jiào xiù cai
赶考秀才写得一手好字，就前去请教。秀才
fān kàn le mǐ fú lín mó de zì tiè hòu duì tā shuō xiǎng yào
翻看了米芾临摹的字帖后，对他说：“想要
gēn wǒ xué zì kě yǐ dàn yǒu gè tiáo jiàn děi mǎi wǒ de zhǐ liàn
跟我学字可以，但有个条件，得买我的纸练

字。但是我的纸很贵，五两银子一张。”由于学字心切，米芾一咬牙，借来银子交给了秀才。秀才递给他一张纸，说：“回去好好写，三天后拿给我看。”

回到家，米芾捧着这张用五两银子买来的纸，左看右看也不敢轻易下笔。为了不浪费纸，他先对照着字帖，用没有蘸墨水的笔在书案上比划来比划去，反反复复地琢磨。

三天后，秀才来了，看见米芾正坐在书案前，手握着笔，望着字帖出神，纸上却滴墨未沾。秀才故作惊讶地问：“怎么还没写？”米芾这才如梦初醒，想到三天期限已到，喃喃地说：“我怕浪费了纸。”秀才哈哈大笑，用扇子指着纸说：“好了，琢磨

sān tiān le xiě gè zì gěi wǒ kàn kan ba mǐ fú tái bǐ xiě
三天了，写个字给我看看吧！”米芾抬笔写

le gè yǒng zì xiù cai yí kàn zhè ge zì xiě de qiú jìn
了个“永”字。秀才一看，这个字写得遒劲

xiāo sǎ biàn gù yì wèn dào nǐ wèi shén me xué zì sān nián dōu
潇洒，便故意问道：“你为什么学字三年都

bù zhǎng jìn sān tiān zhī nèi què néng tū fēi měng jìn ne mǐ
不长进，三天之内却能突飞猛进呢？”米

fú xiǎng le xiǎng shuō yīn wèi zhè zhāng zhǐ tài guì bù gǎn xiàng
芾想了想说：“因为这张纸太贵，不敢像

yǐ qián nà yàng zài shàng miàn suí biàn xiě ér shì xiān yòng xīn bǎ zì
以前那样在上面随便写，而是先用心把字

zuó mo tòu le zài xiě
琢磨透了再写。”

duì xiù cai shuō xué zì bù guāng shì dòng
“对！”秀才说，“学字不光是动

bǐ hái yào dòng xīn bú dàn yào guān qí xíng gèng yào wù qí
笔，还要动心，不但要观其形，更要悟其

shén xīn lǐng shén huì cái néng xiě hǎo shuō wán xiù cai huī
神，心领神会，才能写好。”说完，秀才挥

bǐ zài yǒng zì hòu miàn tiān le qī gè zì yǒng zhì
笔在“永”字后面添了七个字：“（永）志

bú wàng wén yín wǔ liǎng ér hòu tā cóng huái lǐ tāo chū nà
不忘，纹银五两。”而后，他从怀里掏出那

wǔ liǎng yín zi huán gěi mǐ fú tóu yě bù huí de zǒu le
五两银子还给米芾，头也不回地走了。

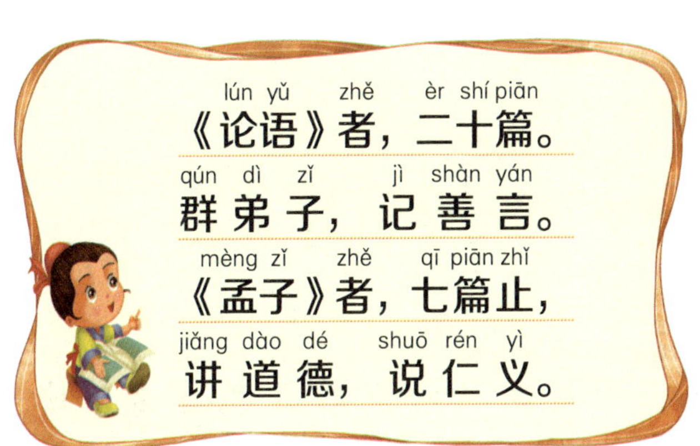

lún yǔ zhě èr shí piān
《论语》者，二十篇。
qún dì zǐ jì shàn yán
群弟子，记善言。
mèng zǐ zhě qī piān zhǐ
《孟子》者，七篇止，
jiǎng dào dé shuō rén yì
讲道德，说仁义。

译文

lún yǔ zhè běn shū gòng yǒu èr shí piān shì kǒng zǐ de
《论语》这本书共有二十篇，是孔子的
dì zǐ hé zài chuán dì zǐ jí lù de yǒu guān kǒng zǐ jí qí dì zǐ yán
弟子和再传弟子辑录的有关孔子及其弟子言
xíng de yí bù shū mèng zǐ zhè běn shū shì mèng kē xiě de
行的一部书。《孟子》这本书是孟轲写的，
yí gòng qī piān shì zhuān mén jiǎng shù rú jiā rén yì dào dé de yì
一共七篇，是专门讲述儒家仁义道德的一
běn zhù zuò
本著作。

kǒng zǐ yīn cái shī jiào

孔子因材施教

kǒng zǐ shì chūn qiū shí qī de dà jiào yù jiā tā yì shēng
孔子是春秋时期的大教育家，他一生
huì rén bú juàn mén xià yǒu sān qiān xué sheng qí zhōng chéng jiù tū
诲人不倦，门下有三千学生，其中成就突
chū de jiù yǒu qī shí èr rén kǒng zǐ jiāo xué shēng hěn jiǎng jiu fāng
出的就有七十二人。孔子教学生很讲究方
fǎ zǒng shì gēn jù xué shēng de bù tóng xìng gé cǎi qǔ bù tóng de
法，总是根据学生的不同性格，采取不同的
fāng fǎ
方法。

yǒu yí cì kǒng zǐ de xué shēng zǐ lù qǐng jiào tā
有一次，孔子的学生子路请教他：
duì yú yí jiàn shì qing rú guǒ wǒ rèn wéi hǎo de huà shì bú
“对于一件事情，如果我认为好的话，是不
shì yīng gāi shuō gàn jiù gàn ne kǒng zǐ huí dá shuō zhè
是应该说干就干呢？”孔子回答说：“这
yàng zuò shì bú duì de nǐ de fù mǔ shuāng qīn dōu zài zěn me
样做是不对的，你的父母双亲都在，怎么

kě yǐ bù xiān hé fù mǔ shāng liang shāng liang jiù zuò
可以不先和父母商量商量就做

ne zǐ lù tīng le diǎn dian tóu yǐ hòu yù
呢？”子路听了，点点头。以后遇

dào shì qing shí zǐ lù zǒng shì zì jǐ xiān rèn zhēn sī kǎo yí xià
到事情时，子路总是自己先认真思考一下，

rán hòu zài hé fù mǔ shāng liang zuì hòu cái zhuó shǒu qù zuò
然后再和父母商量，最后才着手去做。

shì gé bù jiǔ lìng yí gè xué shēng rǎn yǒu yě pǎo lái wèn
事隔不久，另一个学生冉有也跑来问

kǒng zǐ xiāng tóng de wèn tí kǒng zǐ què huí dá tā shuō jì rán
孔子相同的问题。孔子却回答他说：“既然

shì jué dìng yào zuò de shì qing jiù yīng gāi háo bù yóu yù de dà dǎn
是决定要做的事情，就应该毫不犹豫地大胆

qù zuò cái duì
去做才对。”

zhè shí yì zhí gēn suí zài kǒng zǐ shēn biān de xué shēng gōng
这时，一直跟随在孔子身边的学生公

xī huá kàn dào kǒng zǐ zài huí dá tóng yí gè wèn tí shí yǒu liǎng
西华看到孔子在回答同一个问题时，有两

zhǒng bù tóng de dá àn duì cǐ hěn bù lǐ jiě tā wèn kǒng zǐ
种不同的答案，对此很不理解。他问孔子：

lǎo shī xué shēng yǒu yí shì bù míng bai tā men liǎng gè rén
“老师，学生有一事不明白，他们两个人

tí de wèn tí shì xiāng tóng de wèi shén me nín de huí dá què bù tóng
提的问题是相同的，为什么您的回答却不同

ne kǒng zǐ hé ǎi de shuō rǎn yǒu píng shí de dǎn zi hěn
呢？”孔子和蔼地说：“冉有平时的胆子很

小，做起事来思前想后，顾虑重重，拿不定主意，所以我给他壮壮胆，让他做事不要犹豫，大胆地去做。但是子路不同，他的胆子很大，做事鲁莽，从来不考虑前因后果，而且好胜心很强，容易与他人发生争执，因此我教他处事冷静一点儿，稳重一点儿，多听长辈的意见，三思而后行。”公西华听后恍然大悟，对孔子这种“因材施教”的做法佩服不已。

三思而后行

无论做什么事情，都要多思考而后行动。这是成熟、负责的表现。所以，要养成做事前多思考的好习惯！

xiàojīng tōng sì shū shú rú liù jīng shǐ kě dú
《孝经》通，四书熟，如六经，始可读。

shī shū yì lǐ chūn qiū
《诗》《书》《易》，《礼》《春秋》，

hào liù jīng dāng jiǎng qiú
号六经，当讲求。

译文

dú shū yào jiǎng jiu xún xù jiàn jìn bǎ xiào jīng de dào lǐ nòng míng bai le bǎ sì shū dú shú le cái kě yǐ qù dú liù jīng zhè yàng shēn ào de shū shī jīng shàng shū zhōu lǐ yì jīng yuè jīng hé chūn qiū chēng zuò liù jīng zhè liù bù jīng diǎn wǒ men yīng gāi rèn zhēn lǐ jiě yán jiū hé xué xí

读书要讲究循序渐进，把《孝经》的道理弄明白了，把“四书”读熟了，才可以去读“六经”这样深奥的书。《诗经》《尚书》《周礼》《易经》《乐经》和《春秋》称作“六经”，这六部经典，我们应该认真理解、研究和学习。

guān gōng yè dú chūn qiū
关公夜读《春秋》

guān yǔ shì dōng hàn mò nián shǔ guó zhù míng de jiàng lǐng tā
关羽是东汉末年蜀国著名的将领，他
zǎo nián yǔ liú bèi jié wéi yì xìng xiōng dì zhuī suí liú bèi dōng zhēng
早年与刘备结为异姓兄弟，追随刘备东征
xī tǎo wèi shǔ guó de jiàn lì lì xià le hè hè zhàn gōng
西讨，为蜀国的建立立下了赫赫战功。

jiàn ān wǔ nián gōngyuán nián cáo cāo shuài lǐng dà
建安五年（公元200年），曹操率领大
pī rén mǎ dōng zhēng gōng dǎ liú bèi jīng guò xú zhōu yí zhàn
批人马东征，攻打刘备。经过徐州一战，
cáo cāo yì jǔ gào jié bìng fú huò le guān yǔ cáo cāo xīn zhōng àn
曹操一举告捷，并俘获了关羽。曹操心中暗
zì pán suan guān yǔ wǔ yì gāo qiáng dǎn sè guò rén shì gè nán
自盘算：关羽武艺高强，胆色过人，是个难
dé de rén cái rú guǒ néng quàn fú guān yǔ guī xiáng zì jǐ biàn
得的人才。如果能劝服关羽归降，自己便
huì rú hǔ tiān yì tóng shí guān yǔ jiù hǎo bǐ shì liú bèi de yì
会如虎添翼。同时，关羽就好比是刘备的一

zhī shǒu bì liú bèi ruò méi le guān yǔ shì lì yí dìng huì dà dà
只手臂，刘备若没了关羽，势力一定会大大

xuē ruò zhè yàng yì lái tǒng yī tiān xià jiù zhǐ rì kě dài le
削弱。这样一来，统一天下就指日可待了。

wèi le lǒng luò guān yǔ cáo cāo dà bǎi yàn xí duì guān yǔ shèng
为了笼络关羽，曹操大摆宴席，对关羽盛

qíng kuǎn dài hái bài tā wéi piān jiāng jūn cì zhái dì wèi tā jiàn
情款待，还拜他为偏将军，赐宅地，为他建

zào lóu gé kě shì guān yǔ sī háo bù wéi suǒ dòng réng rán shì shēn
造楼阁，可是关羽丝毫不为所动，仍然是身

zài cáo yíng xīn zài hàn cáo cāo méi yǒu bàn fǎ zhǐ dé jiāng guān yǔ
在曹营心在汉。曹操没有办法，只得将关羽

zàn shí ruǎn jìn qǐ lái
暂时软禁起来。

yì tiān wǎn shang guān yǔ zhǎn zhuǎn nán mián tā xiǎng qǐ
一天晚上，关羽辗转难眠。他想起

dāng nián yǔ liú bèi yì qǐ jǔ bēi yǒng huái zhēng zhàn shā chǎng de rì
当年与刘备一起举杯咏怀，征战沙场的日

zi rú jīn dà shì wèi chéng tā zì jǐ què bèi cáo cāo suǒ
子。如今，大事未成，他自己却被曹操所

qín xīn zhōng bù jīn yí zhèn shāng gǎn xiǎng zhe xiǎng zhe tā suǒ
擒，心中不禁一阵伤感。想着想着，他索

xìng pī yī qǐ chuáng ná qǐ yì běn chūn qiū bǐng zhú yè
性披衣起床，拿起一本《春秋》，秉烛夜

dú le qǐ lái tā lǎng shēng niàn dào shì bù kě yǐ bù hóng
读了起来。他朗声念道：“士不可以不弘

yì rèn zhòng dào yuǎn rén yǐ wéi jǐ rèn bú yì zhòng hū
毅，任重道远，仁以为己任，不亦重乎？

死而后已，不亦远乎？”曹操被读书声惊醒，连忙爬起来隔墙侧听。听了一阵，他不禁轻声叹到：“关羽是一位真英雄啊！”他听出了关羽这是在借《春秋》明志，想劝他投降是不可能的了。

又过了几日，曹操见劝降无望，又不忍心将关羽杀死，只好将他放回。临别时，关羽把自己所画的一幅诗竹赠予曹操，疏密相交的竹叶组成了四句诗：

不谢东君意，丹青独立名。
莫嫌孤叶淡，终久不凋零。

这首诗表达了关羽效忠汉室的坚定信念，他夜读《春秋》的高尚情操，也一直在激励着后人。

yǒu liánshān yǒu guīcáng
有《连山》，有《归藏》，

yǒu zhōu yì sān yì xiáng
有《周易》，三易详。

yǒu diǎn mó yǒu xùn gào
有典谟，有训诰，

yǒu shì mìng shū zhī ào
有誓命，《书》之奥。

译文

lián shān guī cáng zhōu yì shì wǒ guó gǔ dài
《连山》《归藏》《周易》是我国古代

de sān bù shū zhè sān bù shū hé chēng sān yì sān
的三部书，这三部书合称“三易”，“三

yì shì yòng guà de xíng shì lái shuōmíng yǔ zhòu jiān wàn shì wàn
易”是用“卦”的形式来说明宇宙间万事万

wù xún huán biàn huà de dào lǐ de shū jí shàng shū de nèi
物循环变化的道理的书籍。《尚书》的内

róng fēn liù gè bù fen yī diǎn shì lì guó de jī běn yuán zé
容分六个部分：一典，是立国的基本原则；

èr mó shì zhì guó de jì huà sān xùn shì dà chén de tài
二谟，是治国的计划；三训，是大臣的态

度；四诰，是君王的通告；五誓，是起兵的文告；六命，是君王的命令。

孔子“韦编三绝”

春秋时期，纸还没有发明，书都是用竹简做成，然后用牛皮绳穿起来的。竹简多用片竹制成，每片都有一定的长度和宽度，竹片上只能写一行字，多则几十个，少则八九个。这样一部书要用许多竹简，写成的竹简就用绳子或者牛皮条串起来，以免文章次序混乱，不便于阅读。编连起来的竹简被称作“简牍”。除了简牍之外，还有一种用木片制成的书，叫做“木牍”，多用来书写短篇文章。像《诗经》《尚书》《礼记》《周易》这样的书，都是由许许多多竹简编连起来的。

孔子特别喜欢读《周易》，他读这本书花了很多的时间。在年轻的时候，他就把《周易》全部读了一遍，对书中的内容有了基本的了解，可是他觉得这么好的书只读一遍是不够的。没过多久，他又读了第二遍，对书中的要旨有了初步的把握。但是他依然感觉还是有很多不明白的地方，又读了第三遍，终于对书中的精神实质有了透彻的理解。在这以后，为了更深入研究这部

shū tā yòu bù zhī fān yuè le duō shǎo biàn yīn wèi měi tiān fān yuè
书，他又不知翻阅了多少遍，因为每天翻阅

kǔ dú bǎ chuàn lián zhú jiǎn de niú pí dài zi dōu gěi mó duàn le hǎo
苦读，把串连竹简的牛皮带子都给磨断了好

jǐ cì měi cì mó duàn kǒng zǐ dōu huì rèn zhēn de zhěng lǐ yí
几次。每次磨断，孔子都会认真地整理一

cì yīn wèi dān xīn yí lòu zhú jiǎn ér dǎo zhì shū cán quē le suǒ
次，因为担心遗漏竹简而导致书残缺了，所

yǐ tā měi cì zǒng shì huàn shàng xīn de niú pí dài zi zài shǐ yòng
以他每次总是换上新的牛皮带子再使用。

jiù zhè yàng kǒng zǐ de shū yì zhí dōu bǎo cún de wán hǎo wú sǔn
就这样，孔子的书一直都保存得完好无损。

kǒng zǐ zài jiào yù tā de dì zǐ shí shuō wǒ men dú shū
孔子在教育他的弟子时说：“我们读书

shí yí dìng yào ài xī shū dāng fā xiàn shū zhōng yǒu yí lòu huò cán
时一定要爱惜书，当发现书中有遗漏或残

quē shí yí dìng yào jí shí bǔ shàng zhè yàng cái néng bǎo zhèng wǒ
缺时，一定要及时补上，这样才能保证我

men měi cì yuè dú de nèi róng dōu shì wán zhěng de
们每次阅读的内容都是完整的。”

yuē guófēng yuē yǎ sòng
曰《国风》，曰《雅》《颂》，
hào sì shī dāng fěng yǒng
号四诗，当讽咏。
shī jì wáng chūn qiū zuò
《诗》既亡，《春秋》作，
yù bāo biǎn bié shàn è
寓褒贬，别善恶。

译文

fēng dà yǎ xiǎo yǎ sòng hé chēng wéi sì shī tā shì yì zhǒng nèi róng fēng fù gǎn qíng shēn qiè de shī gē hěn zhí dé wǒ men yín sòng yóu yú zhōu cháo de shuāi luò shī jīng yě gēn zhe bèi lěng luò le suǒ yǐ kǒng zǐ jiù zuò le chūn qiū zài zhè běn shū zhōng yǐn hán zhe duì xiàn shí zhèng zhì de bāo biǎn jí duì gè guó shàn è xíng wéi de fēn biàn

《风》《大雅》《小雅》《颂》，合称为“四诗”，它是一种内容丰富、感情深切的诗歌，很值得我们吟诵。由于周朝的衰落，《诗经》也跟着被冷落了，所以孔子就作了《春秋》，在这本书中隐含着对现实政治的褒贬及对各国善恶行为的分辨。

苏东坡对对联

宋神宗年间，辽国经常侵犯边境。两国修好以后，辽国派来了一位使者访宋。这位使者自恃才高，不把中原文人放在眼里。当时身为翰林学士的苏东坡也在场。辽使认出了苏东坡，想故意让他出丑，借以羞辱宋国，于是对苏东坡说："我久仰苏学士的大名，钦佩不已。如今我有一句上联，敢请学士赐教下联。"说完，还不等苏东坡开口，辽使就得意洋洋，摇头晃脑地念出了上联："三光日月星。"辽使的话音刚落，在场的人都为苏轼捏了一把汗：这副对联实在难对，总共才短短的五个字，第一个字"三"是个数字，对句也必须找一个相应的数字；且"日月星"是三种发光的自然界物体，与"三"直接联系。

辽使看着其他官员苦思冥想的样子，心中暗暗得意。他自信这是个绝对，苏东坡即使才华再高，在这么短的时间内也不可能对出来。谁知，苏东坡略加沉思，就不慌不忙地对道："四诗风雅颂。"这一对句，将在场的人都镇住了——实在是对得太工整，太贴切了。"四诗"指的是《诗经》，它由《风》《雅》《颂》组成，《雅》又分

dà yǎ hé xiǎo yǎ hé qǐ lái zhèng hǎo shì sì
《大雅》和《小雅》，合起来正好是“四”。

liáo shǐ xiū kuì de dī xià le tóu huī liū liū de shuō
辽使羞愧地低下了头，灰溜溜地说：

wǒ hái yǐ wéi shì jué duì ne xiǎng bú dào ràng nǐ zhè me qīng yì
“我还以为是绝对呢，想不到让你这么轻易

jiù duì shàng le sū dōng pō xiào dào zhè suàn shén me jué
就对上了。”苏东坡笑道：“这算什么绝

duì wǒ hái kě yǐ bǔ shàng sān lián ne qí yī yí zhèn fēng léi
对，我还可以补上三联呢。其一，一阵风雷

yǔ qí èr liǎng cháo xiōng dì bāng qí sān sì dé yuán hēng lì
雨；其二，两朝兄弟邦；其三，四德元亨利。”

liáo shǐ jīng qí dào zhōu yì zhōng qián guà lǐ de
辽使惊奇道：“《周易》中乾卦里的

sì dé yīng gāi shì yuán hēng lì zhēn a zěn me lòu
‘四德’应该是元、亨、利、贞啊，怎么漏

le yí gè zì ne sū dōng pō dá dào zuì hòu yí gè zì
了一个字呢？”苏东坡答道：“最后一个字

shì xiān huáng de shèng huì wéi chén de bù néng suí kǒu niàn chū
是先皇的圣讳，为臣的不能随口念出。”

yuán lái xiān huáng sòng rén zōng míng jiào zhào zhēn zhēn yǔ
原来，先皇宋仁宗名叫赵祯，“祯”与

zhēn tóng yīn shǔ yú shèng huì zhè yí xià liáo shǐ zhōng
“贞”同音，属于圣讳。这一下，辽使终

yú tàn fú le
于叹服了。

zuǒ zhuàn wài yǒu guó yǔ
《左传》外，有《国语》，

hé qún jīng shù shí wǔ
合群经，数十五。

jīng jì míng fāng dú zǐ
经既明，方读子，

cuō qí yào jì qí shì
撮其要，记其事。

译文

zuǒ qiū míng de zhù zuò chú le zuǒ zhuàn wài hái yǒu guó yǔ zhè liǎng bù shū jiā shàng shí sān jīng gòng yǒu shí wǔ bù jīng diǎn xué wán le zhè xiē jīng shū zhī hòu cái kě yǐ dú zhū zǐ bǎi jiā de zhù zuò dú de shí hou yào zhāi qǔ qí zhōng de yào diǎn jì zhù tā de nèi róng

左丘明的著作除了《左传》外，还有《国语》。这两部书加上十三经，共有十五部经典。学完了这些经书之后，才可以读诸子百家的著作。读的时候要摘取其中的要点，记住它的内容。

孟子拒金又受金

战国时期，有一次孟子来到了齐国，向齐王提出了许多建议，但都没有被齐王采纳。孟子离开齐国时，齐王赠送给孟子一百金，他没有接受。到了宋国，宋王赠送给孟子七十金，他却接受了。后来孟子又到了薛国，薛王赠送给孟子五十金，他也接受了。

孟子的学生陈臻对此不能理解，便问孟子：“一个人前后的行为应当一致，您只

néng zài zhè èr zhě zhōng xuǎn zé yì zhǒng zěn me néng qián hòu máo dùn
能在这二者中选择一种，怎么能前后矛盾
ne
呢？”

mèng zǐ xiàng chén zhēn jiě shì shuō nǐ shuō de shì yǒu dào
孟子向陈臻解释说：“你说的是有道
lǐ de dàn nǐ bù liǎo jiě qí zhōng zhēn zhèng de yuán yīn zài sòng
理的，但你不了解其中真正的原因。在宋
guó shí wǒ jiāng qù hěn yuǎn de dì fang lù shàng xū yào qián
国时，我将去很远的地方，路上需要钱，
suǒ yǐ jiē shòu le zèng jīn lái dào xuē guó kàn jiàn quán guó jiè bèi
所以接受了赠金。来到薛国，看见全国戒备
sēn yán wǒ zhù de dì fang yǒu shì bīng zhàn gǎng xuē wáng gěi wǒ
森严，我住的地方有士兵站岗。薛王给我
wǔ shí jīn wǒ zì rán děi jiē shòu wǒ bú shì zì jǐ yòng ér
五十金，我自然得接受。我不是自己用，而
shì yào bǎ tā fēn gěi shì bīng zhì yú qí guó qí wáng gěi wǒ de
是要把它分给士兵。至于齐国，齐王给我的
zèng jīn wǒ méi yǒu yòng chù méi yǒu yòng chù ér yòu yào bié rén de
赠金，我没有用处，没有用处而又要别人的
zèng jīn jiù hé xiàng bié rén jiè qián yí yàng tiān xià nǎ yǒu jūn zǐ
赠金，就和向别人借钱一样。天下哪有君子
xiàng bié rén jiè qián de dào lǐ ne
向别人借钱的道理呢？”

chén zhēn tīng hòu cái míng bai le lǎo shī jù jīn yòu shòu jīn
陈臻听后，才明白了老师拒金又受金
de yuán yīn
的原因。

经子通，读诸史，
考世系，知终始。
自羲农，至黄帝，
号三皇，居上世。

译文

儒家经典和诸子百家读熟以后，再读史书。读史书的时候，必须要考究各朝各代的顺序，明白它们盛衰的原因。从伏羲、神农到黄帝，他们都是生活在远古时代的明君，被称为“三皇”，是后代君王学习的榜样。

神农氏遍尝百草

太古的时候，人们没有粮食吃，只能靠挖草根、采野果和打鸟兽来维持生活。有时候，人吃了有毒的植物，重的被毒死，轻的则得病。由于没有草药医治，只能硬挺，身体好的或许还能挺过去，身体差的就病死了。神农氏为这事很犯愁，他决心尝百草，定药性，为大家消灾祛病。

尝百草是一件很辛苦的事情，神农氏每天都要跋山涉水，到处寻找草木。好在神

nóng shì yì shēng xià lái jiù yǒu yí gè shuǐ jīng dù bù jǐn
农氏一生下来就有一个“水晶肚”，不仅
wǔ zàng liù fǔ quán dōu néng kàn de jiàn jiù lián chī jìn qù de dōng
五脏六腑全都能看得见，就连吃进去的东
xi yě néng kàn de qīng qīng chǔ chǔ jiù zhè yàng shén nóng shì yì kǒu
西也能看得清清楚楚。就这样，神农氏一口
yì kǒu de pǐn cháng le suǒ jiàn de měi yì zhǒng zhí wù bǎ tā men
一口地品尝了所见的每一种植物，把它们
suān tián kǔ là gè zhǒng wèi dào dōu xiáng xì de jì lù le xià lái
酸甜苦辣各种味道都详细地记录了下来。
rán hòu tā hái zǐ xì guān chá zì jǐ shuǐ jīng dù zhōng nèi
然后，他还仔细观察自己“水晶肚”中内
zàng yán sè de biàn huà bǎ kě shí yòng de zhí wù fàng jìn shēn tǐ zuǒ
脏颜色的变化，把可食用的植物放进身体左
bian de dài zi lǐ jiè shào gěi bié rén chī huò yòng zuò yào yòng bǎ
边的袋子里，介绍给别人吃或用作药用；把
bù kě shí yòng de zhí wù fàng zài shēn tǐ yòu bian de dài zi lǐ tí
不可食用的植物放在身体右边的袋子里，提
xǐng rén men yǐ hòu bù dé shí yòng jǐn guǎn shuǐ jīng dù kě yǐ
醒人们以后不得食用。尽管“水晶肚”可以
bāng zhù shén nóng shì biàn bié yào xìng dàn shì què bù néng shǐ tā miǎn
帮助神农氏辨别药性，但是却不能使他免
chú zhòng dú de tòng kǔ wèi le cháng bǎi cǎo shén nóng shì yǒu shí
除中毒的痛苦。为了尝百草，神农氏有时
hou yì tiān zhòng dú qī shí duō cì tòng de sǐ qù huó lái dàn tā
候一天中毒七十多次，痛得死去活来，但他
zhōng yú hái shi píng zhe qiáng jiàn de tǐ pò hé jīng rén de yì zhì tǐng
终于还是凭着强健的体魄和惊人的意志挺

le guò lái
了过来。

yóu yú dà dì shàng de cǎo mù pǐn zhǒng duō de shǔ yě shǔ bù
由于大地上的草木品种多得数也数不
qīng wèi le jiā kuài sù dù shén nóng shì yòu fā míng le yì zhǒng
清，为了加快速度，神农氏又发明了一种
gōng jù jiào zuò shén biān jù shuō zhǐ yào yòng shén biān lái
工具，叫作“神鞭”。据说，只要用神鞭来
biān dǎ cǎo mù zhè xiē cǎo mù yǒu dú wú dú huò kǔ huò tián
鞭打草木，这些草木有毒无毒、或苦或甜、
huò hán huò rè de gè zhǒng yào xìng dōu huì xiǎn lù chū lái jiè zhù shén
或寒或热的各种药性都会显露出来。借助神
biān shén nóng shì fā xiàn le bù shǎo liáo xiào xiǎn zhù de cǎo yào
鞭，神农氏发现了不少疗效显著的草药。

hòu lái shén nóng shì lái dào le tài háng shān tā zài běi
后来，神农氏来到了太行山，他在北
miàn de shān yá shàng fā xiàn le yì zhǒng kāi zhe xiǎo huáng huā de téng
面的山崖上发现了一种开着小黄花的藤
zhuàng zhí wù shén nóng shì gāng bǎ huā hé jīng chī dào dù zi lǐ
状植物。神农氏刚把花和茎吃到肚子里，
jiù gǎn dào yí zhèn zuān xīn de tòng tā kàn dào zì jǐ de cháng zi yí
就感到一阵钻心的痛，他看到自己的肠子一
cùn cùn duàn kāi bìng yīn cǐ ér wáng zhè zhǒng zhí wù hòu lái bèi rén
寸寸断开，并因此而亡。这种植物后来被人
men chēng wéi duàn cháng cǎo shén nóng shì suī rán qù shì le dàn
们称为“断肠草”，神农氏虽然去世了，但
tā zào fú rén lèi de jīng shén què dài dài liú chuán le xià lái
他造福人类的精神却代代流传了下来。

táng yǒu yú　hào èr dì
唐有虞，号二帝，
xiāng yī xùn　chēng shèng shì
相揖逊，称盛世。
xià yǒu yǔ　shāng yǒu tāng
夏有禹，商有汤，
zhōu wén wǔ　chēng sān wáng
周文武，称三王。

译文

huáng dì zhī hòu　yǒu táng yáo hé yú shùn liǎng wèi dì wáng
黄帝之后，有唐尧和虞舜两位帝王。
yáo bǎ dì wèi chuán gěi le shùn　zài zhè liǎng wèi dì wáng de zhì lǐ
尧把帝位传给了舜，在这两位帝王的治理
xià　tiān xià tài píng　rén rén chēng sòng　zhì shuǐ de dà yǔ
下，天下太平，人人称颂。治水的大禹、
shāng cháo de kāi guó zhě shāng tāng　zài jiā shàng zhōu wén wáng　zhōu wǔ
商朝的开国者商汤，再加上周文王、周武
wáng fù zǐ　hé chēng wéi　sān wáng
王父子，合称为“三王”。

大禹治水

尧在位的时候，有一个时期，黄河流域洪水泛滥，百姓愁苦不堪。尧命禹的父亲鲧治理水患，鲧在岸边修建河堤，结果水越淹越高，九年也没能平息洪灾。鲧因此被尧问罪处死。舜即位后，命令禹继续负责治水。禹在治水之前，反思了父亲治水失败的原因，并亲自视察河道。最后，他决定放弃父亲“堵”的治水方法，改以疏导的方法。他依据地势的高低，组织人员挖渠筑堤，疏导高地

的川流积水，使洪水或流入大海，或注入湖泊，这样低处肥沃的土地就露了出来。

禹在治水期间，身先士卒，亲自拿着测量工具，翻山越岭，从西向东，测度地形，树立标杆，规划水道。他与百姓同甘共苦，带领百姓走遍各地，逢山开山，遇洼筑堤，从来不偷懒休息。有一次，大禹路过家门口，听见孩子母亲的骂声和儿子的哭声，他本想进去劝解，又怕惹恼了孩子母

qīn láo dao qǐ lái méi wán dān ge le zhì shuǐ yú shì jiù qiāo
亲，唠叨起来没完，耽搁了治水，于是就悄
qiāo zǒu kāi le yòu yì tiān zhōng wǔ dà yǔ dì èr cì lù guò jiā
悄走开了。又一天中午，大禹第二次路过家
mén kǒu kàn jiàn yān cōng lǐ mào chū niǎo niǎo chuī yān yòu tīng jiàn hái
门口，看见烟囱里冒出袅袅炊烟，又听见孩
zi mǔ qīn yǔ ér zi de xiào shēng jiù fàng xīn de lí kāi le gǎn
子母亲与儿子的笑声，就放心地离开了，赶
jǐn bèn xiàng gōng dì yòu guò le sān sì nián yì tiān bàng wǎn
紧奔向工地。又过了三四年，一天傍晚，
tū rán xià qǐ le pāng tuó dà yǔ dà yǔ lái dào zì jiā de wū
突然下起了滂沱大雨，大禹来到自家的屋
yán xià bì yǔ tīng jiàn hái zi mǔ qīn zài wū lǐ duì ér zi shuō
檐下避雨，听见孩子母亲在屋里对儿子说：
nǐ diē die zhì lǐ wán le hóng shuǐ jiù huí jiā dà yǔ tīng de
“你爹爹治理完了洪水就回家。”大禹听得
fēi cháng gǎn dòng gèng jiān dìng le zhì shuǐ de jué xīn lì kè yòu
非常感动，更坚定了治水的决心，立刻又
shàng lù le
上路了。

jīng guò dà yǔ de bú xiè nǔ lì shí sān nián hòu zhōng
经过大禹的不懈努力，十三年后，终
yú zhì lǐ wán le hóng shuǐ dà yǔ yě yīn wèi sān guò jiā mén ér
于治理完了洪水，大禹也因为“三过家门而
bú rù shòu dào dà jiā de zūn chóng hòu lái bèi tuī jǔ wéi bù luò
不入”受到大家的尊崇，后来被推举为部落
shǒu lǐng
首领。

zhōu wǔ wáng shǐ zhū zhòu
周武王，始诛纣。
bā bǎi zǎi zuì cháng jiǔ
八百载，最长久。
zhōu zhé dōng wáng gāng zhuì
周辙东，王纲坠。
chěng gān gē shàng yóu shuì
逞干戈，尚游说。

译文

zhōu wǔ wáng fā bīng xiāo miè le shāng zhòu wáng tā jiàn lì qǐ de zhōu cháo chí xù le yuē bā bǎi nián shì lì dài wáng cháo zhōng chí xù shí jiān zuì cháng de zì zhōu píng wáng dōng qiān guó dū hòu zhōu cháo de fǎ zhì zhú jiàn shuāi bài zhū hóu guó zhī jiān shí cháng fā shēng zhàn zhēng yóu shuì zhī shì yě kāi shǐ dà xíng qí dào

周武王发兵，消灭了商纣王。他建立起的周朝持续了约八百年，是历代王朝中持续时间最长的。自周平王东迁国都后，周朝的法制逐渐衰败。诸侯国之间时常发生战争，游说之士也开始大行其道。

周武王伐纣

周原本是商朝的一个属国。周文王继位后，克勤克俭，励精图治，并且得到了姜子牙的辅佐，使周的势力逐渐强大。周文王死后，周武王继位，他眼见商纣王昏庸残暴，丧失民心，于是决定讨伐商朝。

公元前1048年，周武王用车子载着周文王的灵牌率师东进，在孟津举行了一次大阅兵，很多小国的诸侯和部落的首领不请自来，一致表示希望由周武王率领大家攻

miè shāng cháo zhōu wǔ wáng zuò shì jǐn shèn tā kàn jiàn hái yǒu jǐ
灭商朝。周武王做事谨慎，他看见还有几
gè xiǎo guó méi lái huì méng rèn wéi fá zhòu de shí jī hái bù chéng
个小国没来会盟，认为伐纣的时机还不成
shú jiù méi yǒu mǎ shàng chū bīng
熟，就没有马上出兵。

yòu guò le liǎng nián shāng cháo yǐ jīng chè dǐ de zhòng pàn qīn
又过了两年，商朝已经彻底地众叛亲
lí yú shì zhōu wǔ wáng guǒ duàn chū bīng tā chū dòng le sān bǎi
离。于是周武王果断出兵，他出动了三百
liàng bīng chē sān qiān míng yǒng shì sì wàn wǔ qiān míng shì bīng
辆兵车，三千名勇士，四万五千名士兵，
huì hé gè bù luò hé xiǎo guó de zhī yuán bù duì hào hào dàng dàng
会合各部落和小国的支援部队，浩浩荡荡
de cóng mèng jīn xiàng shāng cháo de guó dū zhāo gē jìn fā bù duì yì
地从孟津向商朝的国都朝歌进发。部队一
zhí xíng zhì lí zhāo gē zhǐ yǒu qī bā shí lǐ de mù yě jīn hé nán
直行至离朝歌只有七八十里的牧野（今河南
wèi huī běi cái tíng xià lái zài mù yě zhōu wǔ wáng shù qǐ fá
卫辉北）才停下来。在牧野，周武王竖起伐
zhòu de dà qí dāng zhòng shì shī tā lì shǔ shāng zhòu wáng de zhǒng
纣的大旗，当众誓师。他历数商纣王的种
zhǒng è xíng jī lì dà jiā nǔ lì zuò zhàn
种恶行，激励大家努力作战。

rán ér jiù zài zhè ge shí hou shāng zhòu wáng zhèng dài zhe
然而就在这个时候，商纣王正带着
chǒng fēi dá jǐ zài lù tái shàng xīn shǎng gē wǔ hē jiǔ chī ròu
宠妃妲己在鹿台上欣赏歌舞，喝酒吃肉。

直到有人来报告周军进攻的消息，商纣王这才散了酒席，召集大臣们商量如何应战。由于商朝的军队当时正在东南地区对付东夷族，一时抽不回来，商纣王只好下令把大批的奴隶和俘虏编入军队，奔赴牧野前线。著名的牧野之战爆发了。

商朝的军队大部分都是奴隶和俘虏，他们平时恨透了商纣王，没有人肯替他卖命。因此，两军刚一接触，商朝的士兵就纷纷掉转戈矛，和周军一起杀向商纣王。商纣王一看大势不妙，赶快逃回朝歌城里。商纣王知道自己的末日到了，就穿上他的宝玉衣，在鹿台上大吃了一顿，然后叫人在鹿台下放一把火，把自己烧死了。

shǐ chūn qiū， zhōng zhàn guó。
始春秋，终战国。

wǔ bà qiáng， qī xióng chū。
五霸强，七雄出。

yíng qín shì， shǐ jiān bìng。
嬴秦氏，始兼并。

chuán èr shì， chǔ hàn zhēng。
传二世，楚汉争。

dōng zhōu fēn wéi chūn qiū hé zhàn guó liǎng gè shí qī chūn qiū shí qī yǒu wǔ gè zhū hóu zhēng bà zhàn guó shí qī yǒu qī gè guó jiā chēng xióng zhàn guó mò qī qín wáng yíng zhèng jiān bìng le qí tā liù guó jiàn lì le tǒng yī de qín cháo dào qín èr shì hú hài de shí hou qín cháo jiù miè wáng le xiàng yǔ hé liú bāng kāi shǐ zhēng duó tiān xià

东周分为春秋和战国两个时期。春秋时期有五个诸侯争霸，战国时期有七个国家称雄。战国末期，秦王嬴政兼并了其他六国，建立了统一的秦朝。到秦二世胡亥的时候，秦朝就灭亡了，项羽和刘邦开始争夺天下。

楚霸王设鸿门宴

秦朝末年，农民起义风起云涌。在江东，项羽指挥军队所向披靡，号称“楚霸王”；而刘邦则率众在沛县起事，与项羽争夺天下。

有一天，项羽身边的谋士范增劝谏项羽杀掉刘邦，以铲除后患。范增的话正好被项羽的叔父项伯听见了，项伯与刘邦军中的张良是好友，他担心张良受到连累，于是趁夜出营把消息告诉了张良，叫他逃

zǒu shuí zhī zhāng liáng bú yuàn táo zǒu fǎn ér jiāng xiāo xi gào su
走。谁知张良不愿逃走，反而将消息告诉
le liú bāng liú bāng zhī dào hòu dà jīng shī sè tā zì zhī bú shì
了刘邦。刘邦知道后大惊失色，他自知不是
xiàng yǔ de duì shǒu quán héng zhī xià zhǐ hǎo jué dìng qīn zì xiàng
项羽的对手，权衡之下，只好决定亲自向
xiàng yǔ qǐng zuì
项羽请罪。

dì èr tiān liú bāng dài zhe zhāng liáng fán kuài děng rén lái
第二天，刘邦带着张良、樊哙等人来
dào hóng mén xiàng yǔ biàn zài jūn zhōng shè xià yàn xí liú tā men
到鸿门，项羽便在军中设下宴席，留他们
hē jiǔ jiǔ guò sān xún zhī hòu zài yì páng péi zuò de fàn zēng duō
喝酒。酒过三巡之后，在一旁陪坐的范增多
cì shì yì xiàng yǔ shā diào liú bāng kě shì xiàng yǔ jiàn liú bāng de
次示意项羽杀掉刘邦，可是项羽见刘邦的
tài dù shí fēn qiān bēi yì shí xīn ruǎn xià bù liǎo shǒu fàn zēng
态度十分谦卑，一时心软，下不了手。范增
shí fēn zháo jí zhōng tú jiè gù lí kāi xí wèi zhǎo lái xiàng yǔ
十分着急，中途借故离开席位，找来项羽
de táng xiōng dì xiàng zhuāng ràng tā jìn jūn yíng jiǎ zhuāng wǔ jiàn
的堂兄弟项庄，让他进军营假装舞剑，
chéng jī shā le liú bāng xiàng zhuāng tīng le fàn zēng de huà zài jūn
乘机杀了刘邦。项庄听了范增的话，在军
yíng zhōng bá jiàn qǐ wǔ jiāng jiàn fēng zhí bī liú bāng zhè shí
营中拔剑起舞，将剑锋直逼刘邦。这时，
xiàng bó yě lián máng bá jiàn yǔ xiàng zhuāng duì wǔ yòng shēn tǐ hù
项伯也连忙拔剑与项庄对舞，用身体护

住刘邦。张良见势不妙，跑到帐外对樊哙说：“如今项庄拔剑起舞，其实是想杀掉沛公（刘邦）啊！”樊哙听后，怒气冲冲地闯入营帐，对项羽说：“秦王有虎狼之心，因此天下人都背叛了他。将士们曾经约定先破秦入咸阳者称王。如今沛公先进了关，却没有称王，而是等着您来。他这样劳苦功高，您反而想杀害他，这不是在走秦王的老路吗？”项羽一时无言以对。不久，刘邦起身如厕，留下一些礼物交给张良，要张良向项羽告别，自己则带着樊哙从小道逃跑了。

gāo zǔ xīng　hàn yè jiàn
高祖兴，汉业建。
zhì xiào píng　wáng mǎng cuàn
至孝平，王莽篡。
guāng wǔ xīng　wéi dōng hàn
光武兴，为东汉，
sì bǎi nián　zhōng yú xiàn
四百年，终于献。

译文

hàn gāo zǔ liú bāng dǎ bài le xiàng yǔ　jiàn lì le xī hàn wáng
汉高祖刘邦打败了项羽，建立了西汉王
cháo　dào le hàn píng dì de shí hou　wáng mǎng duó dé le dì wèi
朝。到了汉平帝的时候，王莽夺得了帝位，
gǎi guó hào wéi　xīn　hòu lái　guāng wǔ dì liú xiù qǐ bīng xiāo
改国号为“新”。后来，光武帝刘秀起兵消
miè le wáng mǎng　huī fù le hàn cháo guó hào　chéng wéi lì shǐ shàng
灭了王莽，恢复了汉朝国号，成为历史上
de　dōng hàn　xī hàn hé dōng hàn jiā qǐ lái yí gòng sì bǎi
的“东汉”。西汉和东汉加起来一共四百
nián　dào hàn xiàn dì shí　dōng hàn miè wáng
年，到汉献帝时，东汉灭亡。

光武称帝

王莽统治后期，民间有绿林、赤眉两支起义军相继起事，反对王莽。南阳郡的豪强刘演、刘秀两兄弟也顺势加入了绿林军。由于作战勇猛，刘演、刘秀很快就在军中树立起了威望。但是绿林军的首领刘玄担心他们的势力超过自己，就找了个借口，说刘演违抗命令，把他杀死了。

刘秀听说哥哥被杀后，知道自己也性命难保，但是以他当时的力量还不足以对抗刘玄。于是，刘秀先行赶回宛城（今河南南阳），向刘玄赔罪，他不谈私事，不居功请赏，也不为哥哥披麻戴孝，照常吃饭喝酒，一点儿也没流露出忧伤之情。刘秀的忍辱负重麻痹了刘玄，使刘玄愧疚起来。为了补偿杀害刘演的过失，刘玄任命刘秀为破虏大将军，并封他做武信侯，还分给他少数兵马，让他去河北招抚各郡县。

来到河北以后，刘秀打出了“复兴汉

shì de qí zhì dé dào le dāng dì yí bù fen huái niàn xī hàn de
室”的旗帜，得到了当地一部分怀念西汉的

rén rén zhì shì de yōng hù liú xiù yí miàn xiāo miè dāng dì de gē
仁人志士的拥护。刘秀一面消灭当地的割

jù shì lì yí miàn zhèn yā hé běi gè lù qǐ yì jūn jīng guò yí
据势力，一面镇压河北各路起义军。经过一

duàn shí jiān de fā zhǎn jī hū zhěng gè huáng hé yǐ běi dì qū dōu
段时间的发展，几乎整个黄河以北地区都

bèi liú xiù kòng zhì le yǔ cǐ tóng shí liú xuán yīn wèi huāng yín
被刘秀控制了。与此同时，刘玄因为荒淫

fǔ huà zhěng tiān chén zuì yú shēng sè quǎn mǎ zhī zhōng yǐn qǐ le
腐化，整天沉醉于声色犬马之中，引起了

hěn duō cháo chén de bù mǎn hòu lái yǔ lù lín jūn jié méng de
很多朝臣的不满。后来，与绿林军结盟的

chì méi jūn shǒu lǐng fán chóng yě lǐng jūn yǔ liú xuán duì kàng jié guǒ
赤眉军首领樊崇也领军与刘玄对抗，结果

liú xuán zhèng quán bèi tuī fān gōng yuán nián liú xiù zì lì wéi
刘玄政权被推翻。公元25年，刘秀自立为

wáng jiàn lì qǐ dōng hàn wáng cháo liú xiù jiù shì guāng wǔ dì
王，建立起东汉王朝，刘秀就是光武帝。

魏蜀吴，争汉鼎，
号三国，迄两晋。
宋齐继，梁陈承，
为南朝，都金陵。

译文

东汉灭亡后，魏、蜀、吴三个国家争夺政权，历史上称为“三国”。后来，三国被晋朝统一，晋朝又分裂成西晋和东晋。晋朝王室南迁之后，不久就衰亡了，继之而起的是南北朝时期。南朝包括宋、齐、梁、陈，国都都建在金陵（今南京）。

huǒ shāo chì bì

火烧赤壁

sān guó dǐng lì de jú miàn xíng chéng hòu cáo cāo de shì lì
三国鼎立的局面形成后，曹操的势力
zuì dà tā yú gōng yuán nián yuè shuài lǐng dà jūn nán xià
最大，他于公元208年7月率领大军南下，
qǐ tú yì jǔ xiāo miè liú bèi hé sūn quán tǒng yī quán guó jiù zài
企图一举消灭刘备和孙权，统一全国。就在
zhè jǐn yào de guān tóu wú shǔ jié chéng lián méng
这紧要的关头，吴、蜀结成联盟。

cáo cāo hào chēng yǒu bā shí wàn bīng mǎ jiāo ào qīng dí
曹操号称有八十万兵马，骄傲轻敌。
wú guó de dà jiàng zhōu yú shuài lǐng wú shǔ lián jūn zhù shǒu zài chì
吴国的大将周瑜率领吴、蜀联军驻守在赤
bì fù jìn cáo cāo de jūn duì zhōng shì bīng duō shì běi fāng rén
壁附近。曹操的军队中士兵多是北方人，
bú shàn cháng shuǐ zhàn yīn cǐ zhàn dòu lì dà dà xuē ruò wèi le
不擅长水战，因此战斗力大大削弱。为了
dǐ kàng fēng làng diān bǒ cáo cāo xià lìng jiāng zhàn chuán yòng tiě suǒ lián
抵抗风浪颠簸，曹操下令将战船用铁索连

结在一起。了解到这个情况后，周瑜的部将黄盖建议采用火攻。这个建议得到了周瑜的赞许。随后，黄盖派人给曹操送了一封信，假意称自己愿意带着手下的兵士投降。之后，黄盖带上十艘大船，插上与曹操约定好的旗号，驶往曹营。戒备松懈的曹军闻讯都争相来观看黄盖投降。快到对岸时，黄盖下令点燃柴草，自己换乘小艇退走，十艘火船乘风闯入曹军船阵，横冲直撞，顿时燃起一片火海。周瑜大军乘势攻击，曹军伤亡惨重。

赤壁一战后，曹操退回北方，再无力南下。

唐高祖，起义师。
除隋乱，创国基。
二十传，三百载。
梁灭之，国乃改。

译文

唐高祖李渊起兵反隋，隋朝灭亡了。他战胜了各路的反隋义军，取得了天下，建立了唐朝。唐朝统治近三百年，总共传了二十位皇帝（不含武则天）。到唐哀帝时被朱温篡位，建立了梁朝，唐朝自此灭亡。为和南北朝时期的梁朝相区别，朱温建立的

liángcháo zài lì shǐ shàng bèi chēng wéi hòu liáng
梁朝在历史上被称为“后梁”。

lǐ yuān qǐ bīng
李渊起兵

lǐ yuān běn lái shì suí cháo de guì zú kào jì chéng zǔ shàng de jué wèi dāng le táng guó gōng lǐ yuān yǒu sì gè ér zi qí zhōng èr ér zi lǐ shì mín cái huá guò rén bìng qiě hěn yǒu dǎn shí
李渊本来是隋朝的贵族，靠继承祖上的爵位，当了唐国公。李渊有四个儿子，其中二儿子李世民才华过人，并且很有胆识。

lǐ shì mín píng shí xǐ huan jié jiāo yǒu cái néng de rén dà jiā yě jué de tā kāng kǎi yì qi xǐ huan gēn tā dǎ jiāo dao
李世民平时喜欢结交有才能的人，大家也觉得他慷慨义气，喜欢跟他打交道。

jìn yáng jīn shān xī tài yuán yǒu gè xiàn lìng jiào liú wén jìng tā de qīn qi lǐ mì cān jiā le wǎ gǎng jūn qǐ yì suí yáng dì yīn cǐ xià lìng zhuō ná lǐ mì liú wén jìng yě shòu dào qiān lián
晋阳（今山西太原）有个县令叫刘文静，他的亲戚李密参加了瓦岗军起义。隋炀帝因此下令捉拿李密，刘文静也受到牵连，被关进了监狱。刘文静与李世民是知心好友，李世民听说后，便去狱中探望他。刘文静对李世民说：“皇上现在还在江都游玩，李密已经率军队逼近了东都，到处都有人造反，现在正是打天下的好时机。我可以设法召集十万人马，再加上你父亲的几万人，联合起兵打进长安，不出半年，一定可以夺取天下。”李世民本来就看准了隋朝的统治长不了，心里早就有了自己的打算，听了刘文静的一番话，觉得很有道理，于是就回家说服父亲李渊起兵反隋。李渊先把刘文静从监狱放了出来，让他帮助自己招兵买马。然后，他又派人把正在河东打仗的另外两个儿子李建成和李元吉也召了回来。

liú wén jìng hái wèi lǐ yuān chū móu huà cè pài rén sòng le yí fèn hòu
刘文静还为李渊出谋划策，派人送了一份厚
lǐ gěi tū jué kè hán yuē tā yì qǐ fǎn suí tū jué kè hán hěn
礼给突厥可汗，约他一起反隋，突厥可汗很
gāo xìng de dā ying le
高兴地答应了。

yí qiè zhǔn bèi jiù xù hòu lǐ yuān zì fēng wéi dà jiāng jūn
一切准备就绪后，李渊自封为大将军，
shuài lǐng zhāo mù dào de èr shí duō wàn dà jūn gōng dǎ cháng ān liú
率领招募到的二十多万大军攻打长安，留
shǒu cháng ān de suí jūn gēn běn dǐ kàng bù liǎo zhàn lǐng cháng ān
守长安的隋军根本抵抗不了。占领长安
hòu wèi le shōu mǎi rén xīn lǐ yuān jiāng suí cháo kē kè de fǎ lǜ
后，为了收买人心，李渊将隋朝苛刻的法律
quán bù fèi chú zhè yī jǔ cuò dé dào le rén mín de yōng hù bù
全部废除。这一举措得到了人民的拥护。不
jiǔ hòu suí yáng dì bèi shā lǐ yuān dēng jī chēng dì shǐ chēn
久后，隋炀帝被杀，李渊登基称帝，史称
táng gāo zǔ
唐高祖。

梁唐晋，及汉周。
称五代，皆有由。
炎宋兴，受周禅。
十八传，南北混。

译文

后梁、后唐、后晋、后汉和后周这五个朝代，历史上称为“后五代”。这五个朝代更替都是有一定原因的。赵匡胤逼迫后周皇帝让位，建立了宋朝。宋朝共传了十八个皇帝。期间又分北宋和南宋，后来分别被金、元所灭。

sòng tài zǔ bēi jiǔ shì bīng quán

宋太祖杯酒释兵权

sòng tài zǔ zhào kuāng yìn dāng le huáng dì yǐ hòu, wèi le gǒng gù zì jǐ de tǒng zhì, jué dìng xuē duó shǒu xià dà chén de bīng quán.

宋太祖赵匡胤当了皇帝以后，为了巩固自己的统治，决定削夺手下大臣的兵权。

yì tiān wǎn shang, sòng tài zǔ yāo qǐng le yì pī dà chén lái gōng zhōng cān jiā jiǔ yàn. jiǔ guò sān xún zhī hòu, sòng tài zǔ tū rán fēn fù zuǒ yòu de shì cóng tuì xià, bìng yòng kǎi tàn de kǒu wěn duì dà chén men shuō: "zuò huáng dì tài kǔ le, hái bù rú zuò jié dù shǐ kuài lè, wǒ měi tiān wǎn shang dōu shuì bù hǎo jiào a!" dà chén men lián máng chī jīng de wèn yuán yīn, sòng tài zǔ dá dào:

一天晚上，宋太祖邀请了一批大臣来宫中参加酒宴。酒过三巡之后，宋太祖突然吩咐左右的侍从退下，并用慨叹的口吻对大臣们说：“做皇帝太苦了，还不如做节度使快乐，我每天晚上都睡不好觉啊！”大臣们连忙吃惊地问原因，宋太祖答道：

“我的皇位不知有多少人盯着呢！”大臣们一听，都吓得跪下，说：“皇上登基是上天的旨意，谁还敢有异心呢？”宋太祖答道：“你们虽然没有异心，但是你们的部下呢？他们要是想得到更大的富贵，有一天也把黄袍加在你们的身上，你们到时还能作主吗？”

一席话，说得大臣们更加惊恐不安。宋太祖这时也不再掩饰，要求将领们主动交出手中兵权，各自回到地方上去安享晚年。第二天，一批大臣都上表称病，请求宋太祖解除他们的兵权，允许他们告老还乡。宋太祖欣然同意。这样一来，宋太祖就通过和平的方式，解除了自己的后顾之忧。

qīng tài zǔ， yīng jǐng mìng。
清太祖，膺景命。
jìng sì fāng， kè dà dìng。
靖四方，克大定。
zhì shì zǔ， nǎi dà tóng，
至世祖，乃大同，
shí èr shì， qīng zuò zhōng。
十二世，清祚终。

译文

qīng tài zǔ nǔ ěr hā chì tǒng yī liáo dōng gè bù luò， zài wǒ guó dōng běi dì qū xīng qǐ。 tā běn shì jīn rén de hòu dài， shòu míng cháo de cè fēng。 dào le qīng shì zǔ de shí hou， tiān xià jiù tǒng yī le。 qīng cháo chuán le shí èr dài huáng dì hòu， jiù bèi tuī fān miè wáng le。

清太祖努尔哈赤统一辽东各部落，在我国东北地区兴起。他本是金人的后代，受明朝的册封。到了清世祖的时候，天下就统一了。清朝传了十二代皇帝后，就被推翻灭亡了。

shào nián kāng xī zhì qín áo bài

少年康熙智擒鳌拜

qīng shèng zǔ kāng xī jí wèi shí cái bā suì àn zhào gǔ shí
清圣祖康熙即位时才八岁。按照古时
hou de guī ju huáng dì nián yòu yóu gù mìng dà chén fǔ zhèng
候的规矩：“皇帝年幼，由顾命大臣辅政。”
dāng shí yóu shùn zhì dì lín zhōng shí zhǐ dìng de sì gè fǔ zhù xiǎo huáng
当时由顺治帝临终时指定的四个辅助小皇
dì de gù mìng dà chén zhōng áo bài zuì wéi zhuān quán tā bìng bù
帝的顾命大臣中，鳌拜最为专权。他并不
bǎ kāng xī fàng zài yǎn lǐ tān zāng wǎng fǎ zì xíng qí shì
把康熙放在眼里，贪赃枉法，自行其是。

kāng xī huáng dì mǎn shí sì suì shí kāi shǐ qīn zhèng áo bài
康熙皇帝满十四岁时开始亲政。鳌拜
bú dàn méi shōu liǎn fǎn ér biàn běn jiā lì kāng xī jué de áo bài
不但没收敛，反而变本加厉。康熙觉得鳌拜
chù chù yǔ zì jǐ zuò duì shì gè xīn fù dà huàn yú shì tā
处处与自己作对，是个心腹大患。于是，他
jiù zǎo zuò zhǔn bèi tā bǎ yì xiē mǎn zhōu guì zú zǐ dì zhào lái
就早作准备——他把一些满洲贵族子弟召来

宫中练习武艺，让他们成为自己的亲信侍卫。

鳌拜大权独揽，他时刻谨防有实力的大臣接近皇帝。他还不断派人观察宫中的动静，不让康熙羽翼丰满，想使他成为一个名副其实的“孤家寡人”。这样，他自己就可以“挟天子以令诸侯”。他看见康熙和一些孩子在玩摔跤的游戏，并不觉得对自己有什么威胁，反而认为康熙胸无大志，只知玩耍，便放松了警惕。其实，康熙的文才和武艺都有很大的长进，而鳌拜还蒙在鼓里。

有一次，鳌拜称病，好久不来朝拜皇帝，康熙便亲自来到鳌拜府中探听虚实。他径直来到鳌拜的卧室，发现鳌拜在席子下藏有利刀。自此康熙便知道鳌拜居心叵测。但

tā hěn néngchén de zhù qì tā bú dàn bù jiā zé guài fǎn ér ān
他很能沉得住气，他不但不加责怪，反而安
fǔ shuō mǎnzhōuyǒng shì shēn bù lí dāo nǎi shì běn sè
抚说：“满洲勇士，身不离刀，乃是本色。”
áo bài tīng le jué de kāng xī shì gè xiǎo hú tu chóng biàn gèng
鳌拜听了，觉得康熙是个小糊涂虫，便更
jiā wéi suǒ yù wéi le
加为所欲为了。

kāng xī tàn bìng huí gōng hòu jiù bǎ nà bāng hái zi zhǎo
康熙探病回宫后，就把那帮孩子找
lái shuō dà qīng cháo yǐ chǔ yú wēi jí guān tóu nǐ men tīng
来，说：“大清朝已处于危急关头，你们听
wǒ de hái shi tīng áo bài de
我的，还是听鳌拜的？”

nà xiē hái zi zǎo jiù bù mǎn áo bài qī shàng yā xià de xíng
那些孩子早就不满鳌拜欺上压下的行
wéi gè gè yì fèn tián yīng de hǎn dào wǒ men tīng cóng huáng
为，个个义愤填膺地喊道：“我们听从皇
shang de
上的！”

kāng xī biàn jiāng áo bài zhào jìn gōng lái áo bài bù zhī shì
康熙便将鳌拜召进宫来，鳌拜不知是
jì biàn dà yáo dà bǎi de lái jiàn huáng dì kāng xī biàn mìng nà
计，便大摇大摆地来见皇帝。康熙便命那
xiē hái zi wán shuāi jiāo yóu xì gěi áo bài kàn
些孩子玩摔跤游戏给鳌拜看。

hái zi men wán zhe wán zhe yí gè gè diē dǎ fān gǔn de dào
孩子们玩着玩着，一个个跌打翻滚地到

le áo bài shēn qián zhè ge bào tuǐ nà ge qìn shǒu yí gè zhuā
了鳌拜身前，这个抱腿，那个揿手，一个抓
zhù tóu yí gè lǎn zhù yāo dùn shí jiāng áo bài xiān fān zài dì
住头，一个揽住腰，顿时将鳌拜掀翻在地。
áo bài hào chēng mǎn zhōu dì yī yǒng shì lì dà wú qióng
鳌拜号称“满洲第一勇士”，力大无穷，
tā měng yì zhēng zhá nà xiē hái zi dōu bèi tā bàn luò diē fān
他猛一挣扎，那些孩子都被他绊落跌翻。
dàn zhè xiē hái zi dōu zhōng yú kāng xī jǐn guǎn dí bú guò áo
但这些孩子都忠于康熙，尽管敌不过鳌
bài réng sǐ mìng jiū chán zhù tā bú fàng
拜，仍死命纠缠住他不放。

zhèng zài wēi jí guān tóu kāng xī ná chū cáng zài xiù zhōng de
正在危急关头，康熙拿出藏在袖中的
bǐ shǒu yì dāo cì jìn áo bài de xiōng zhōng zhòng hái zi fēng yōng
匕首，一刀刺进鳌拜的胸中，众孩子蜂拥
ér shàng jiāng áo bài qín zhù kāng xī dāng jí xuān gào áo bài
而上，将鳌拜擒住，康熙当即宣告：鳌拜
móu fǎn pàn lìng jiān jìn tīng shěn
谋反，判令监禁听审。

kāng xī jiǎn chú le quán chén áo bài hé tā de dǎng yǔ zì
康熙剪除了权臣鳌拜和他的党羽，自
jǐ qīn zhèng tā wén néng zhì guó wǔ néng ān bāng píng xī sān
己亲政。他文能治国，武能安邦，平息三
fān pàn luàn shōu fù tái wān wēi zhèn ōu yà shì zhōng guó lì
藩叛乱，收复台湾，威震欧亚，是中国历
shǐ shàng yí wèi hěn yǒu zuò wéi de huáng dì
史上一位很有作为的皇帝。

fán zhèng shǐ niàn sì bù
凡正史，廿四部，

yì yǐ qīng chéng niàn wǔ
益以清，成廿五。

shǐ suī fán dú yǒu cì
史虽繁，读有次：

shǐ jì yī hàn shū èr
史记一，汉书二；

hòu hàn sān guó zhì sì
后汉三，国志四；

cǐ sì shǐ zuì jīng zhì
此四史，最精致。

译文

wǒ guó lì cháo lì dài jīng guān fāng biān xiě de shǐ shū gòng yǒu èr shí sì bù zài jiā shàng qīng shǐ gǎo gòng yǒu èr shí wǔ bù zhè xiē shǐ shū suī rán fán duō dàn yuè dú qǐ lái yīng gāi yǒu cì xù xiān dú shǐ jì zài dú hàn shū dì sān dú hòu hàn shū dì sì dú sān guó zhì zhè sì běn shū xiě de zuì hǎo

我国历朝历代经官方编写的史书共有二十四部，再加上《清史稿》，共有二十五部。这些史书虽然繁多，但阅读起来应该有次序：先读《史记》，再读《汉书》，第三读《后汉书》，第四读《三国志》。这四本书写得最好。

sī mǎ qiān zhù shǐ jì
司马迁著《史记》

sī mǎ qiān chū shēng zài yí gè shǐ xué shì jiā tā de zǔ bèi
司马迁出生在一个史学世家，他的祖辈
shì shì dài dài dōu zài cháo tíng dān rèn shǐ guān tā de fù qīn sī mǎ
世世代代都在朝廷担任史官，他的父亲司马
tán shì xī hàn de tài shǐ lìng zài fù qīn de yán gé jiào yù xià sī
谈是西汉的太史令。在父亲的严格教育下，司
mǎ qiān shí suì de shí hou jiù yǐ jīng zhǎng wò le xiān qín de wén zì
马迁十岁的时候就已经掌握了先秦的文字，
shí bā jiǔ suì de shí hou tā yòu bài dāng shí de dà rú dǒng zhòng shū hé
十八九岁的时候他又拜当时的大儒董仲舒和
kǒng ān guó wéi shī xué xí gōng yáng zhuàn hé shàng shū
孔安国为师，学习《公羊传》和《尚书》。
sī mǎ qiān bìng bù mǎn zú yú shū běn zhōng dé lái de zhī shi cóng èr shí
司马迁并不满足于书本中得来的知识，从二十
suì qǐ tā jiù kāi shǐ tà biàn dà jiāng nán běi tàn fǎng qián rén suǒ liú
岁起，他就开始踏遍大江南北，探访前人所留
xià de yí jì xiàng dāng dì bǎi xìng dǎ ting lì shǐ rén wù gù shi
下的遗迹，向当地百姓打听历史人物故事。

yǒu yī nián sī mǎ tán bìng wēi lín zhōng qián zài sān dīng
有一年，司马谈病危，临终前再三叮
zhǔ ér zi yào láo jì shǐ guān de zhí zé jì zǎi dì wáng shèng xián
嘱儿子要牢记史官的职责，记载帝王圣贤
de yán xíng wèi hòu shì de tǒng zhì zhě tí gōng jiè jiàn sī mǎ qiān
的言行，为后世的统治者提供借鉴。司马迁
hán lèi dā ying le gōng yuán qián nián hàn wǔ dì pài dà jiāng
含泪答应了。公元前99年，汉武帝派大将
jūn lǐ líng kàng jī xiōng nú lǐ líng dài bīng fèn yǒng shā dí dàn zuì
军李陵抗击匈奴，李陵带兵奋勇杀敌，但最
zhōng guǎ bù dí zhòng bèi xiōng nú fú lǔ ér tóu xiáng hàn wǔ dì
终寡不敌众，被匈奴俘虏而投降。汉武帝
zhī dào hòu shí fēn shēng qì zhǔn bèi chǔ sǐ lǐ líng sī mǎ qiān
知道后，十分生气，准备处死李陵，司马迁
tì lǐ líng biàn hù jié guǒ bèi guān jìn le jiān yù bèi pàn chǔ le
替李陵辩护，结果被关进了监狱，被判处了
gōng xíng sī mǎ qiān jǐ cì xiǎng xún sǐ dàn shì yòu xiǎng dào fù
宫刑。司马迁几次想寻死，但是又想到父
qīn de yí yuàn hái méi yǒu wán chéng zhǐ néng rěn rǔ tōu shēng
亲的遗愿还没有完成，只能忍辱偷生。

hòu lái sī mǎ qiān zhōng yú wán chéng le wǒ guó lì shǐ shàng
后来，司马迁终于完成了我国历史上
dì yī bù jì zhuàn tǐ tōng shǐ jù zhù shǐ jì bèi hòu
第一部纪传体通史巨著——《史记》，被后
rén chēng wéi shǐ jiā zhī jué chàng wú yùn zhī lí sāo
人称为“史家之绝唱，无韵之离骚”。

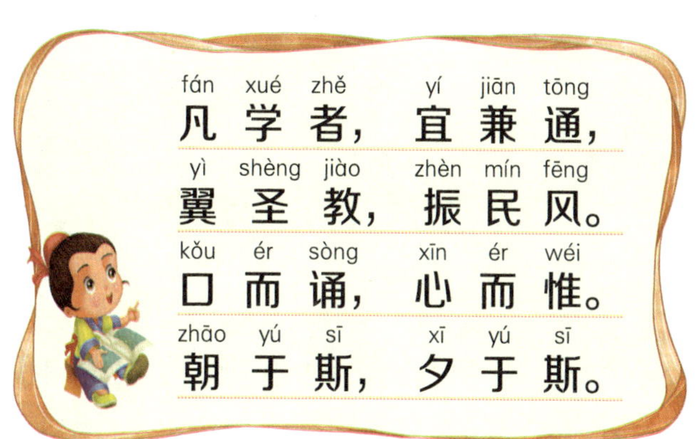

fán xué zhě yí jiān tōng
凡学者，宜兼通，
yì shèng jiào zhèn mín fēng
翼圣教，振民风。
kǒu ér sòng xīn ér wéi
口而诵，心而惟。
zhāo yú sī xī yú sī
朝于斯，夕于斯。

译文

fán shì dú shū de rén jīng shǐ zǐ jí dōu yīng gāi
凡是读书的人，经、史、子、集都应该
xué xí yòng rú jiā de sī xiǎng lái zhèn xīng mín fēng yào xiǎng bǎ shū
学习，用儒家的思想来振兴民风。要想把书
dú hǎo jiù bì xū zuò dào kǒu zhōng yín sòng xīn zhōng sī kǎo
读好，就必须做到口中吟诵，心中思考，
cóng zǎo dào wǎn dōu yào yì mén xīn si fàng zài xué xí shàng
从早到晚都要一门心思放在学习上。

顾炎武自督读书

顾炎武是明末清初有名的大学问家。他原本出身于江南望族，但是由于家庭变故，从小就被寄养在了叔叔家。叔叔、婶婶对顾炎武很好，但不幸的是，叔叔不久就去世了。顾炎武由婶婶抚养成人，婶婶出身书香门第，喜欢读书，很有学问。为了教育顾炎武，她经常给顾炎武讲历史故事，教他读书识字。聪明的顾炎武在婶婶的悉心教育下，学到了不少知识，因而受到了邻居的夸奖，这让他不禁有些骄傲起来。婶婶知道后，就让顾炎武背诵宋朝刘基写的《卖柑者言》。顾炎武背完后，婶婶问他：“你知道这篇文章写的是什么意思吗？”顾炎武回答说：“文章揭露了某些人金玉其外，败絮其中的本质。”婶婶听后，意味深长地说：“如果一个人刚刚有了一点进步就骄傲自满，满足于一知半解，这和‘金玉其外，败絮其中’又有什么区别呢？”顾炎武惭愧地低下了头。从此以后，他变得谦虚谨慎，勤勤恳恳起来。

顾炎武读书十分用功，读的书也特别多，不仅涉及历史、文学、天文、地理，还涉及农田水利、矿产、交通等许多方面。顾炎武读书有一套自己的方法——“自督读

shū jí gěi zì jǐ guī dìng měi tiān bì xū dú wán de juàn shù
书”，即给自己规定每天必须读完的卷数，

bìng xiàn dìng zì jǐ měi tiān dú wán hòu bǎ suǒ dú de shū chāo xiě yí
并限定自己每天读完后把所读的书抄写一

biàn chú cǐ zhī wài tā hái yāo qiú zì jǐ měi dú yì běn shū dōu
遍。除此之外，他还要求自己每读一本书都

yào zuò bǐ jì xiě xià xīn dé tǐ huì zuì hòu zài měi nián de
要做笔记，写下心得体会。最后，在每年的

chūn qiū liǎng jì gù yán wǔ hái yào wēn xí qián bàn nián dú guò de shū
春秋两季，顾炎武还要温习前半年读过的书

jí biān mò sòng biān qǐng rén lǎng dú fā xiàn chā yì lì kè
籍，边默诵，边请人朗读，发现差异，立刻

chá duì jiù zhè yàng rì jī yuè lěi gù yán wǔ de xué wen yuè lái
查对。就这样日积月累，顾炎武的学问越来

yuè yuān bó zhōng yú chéng wéi le yí dài dà shī
越渊博，终于成为了一代大师。

rú náng yíng rú yìng xuě
如囊萤，如映雪。
jiā suī pín xué bú chuò
家虽贫，学不辍。
rú fù xīn rú guà jiǎo
如负薪，如挂角。
shēn suī láo yóu kǔ zhuó
身虽劳，犹苦卓。

译文

jìn cháo rén chē yìn bǎ yíng huǒ chóng fàng jìn dài zi lǐ zhào míng dú shū sūn kāng zé lì yòng jī xuě de fǎn guāng lái dú shū tā men liǎng rén de jiā jìng dōu hěn pín hán què néng zài jiān kǔ tiáo jiàn xià jì xù qiú xué hàn cháo de zhū mǎi chén yǐ kǎn chái wéi shēng tā měi tiān biān tiāo chái biān dú shū suí cháo de lǐ mì chū mén fǎng yǒu shí bǎ shū guà zài niú jiǎo shàng yǒu shí jiān jiù dú tā men zài jiān kǔ de

晋朝人车胤把萤火虫放进袋子里照明读书，孙康则利用积雪的反光来读书。他们两人的家境都很贫寒，却能在艰苦条件下继续求学。汉朝的朱买臣以砍柴为生，他每天边挑柴边读书。隋朝的李密出门访友时，把书挂在牛角上，有时间就读。他们在艰苦的

huán jìng zhōng réng rán jiān chí dú shū
环境中仍然坚持读书。

chē yìn náng yíng kǔ dú
车胤囊萤苦读

jìn dài de chē yìn chū shēn yú míng mén wàng zú dàn chē jiā
晋代的车胤出身于名门望族，但车家
jiā dào zhōng luò biàn de yì pín rú xǐ jiā tíng de zhòng dà biàn
家道中落，变得一贫如洗。家庭的重大变
gù suī rán gěi chē yìn de shēng huó dài lái le jí dà de kùn nan dàn
故虽然给车胤的生活带来了极大的困难，但
què sī háo méi yǒu dòng yáo tā xué xí de jué xīn tā yì rú jì wǎng
却丝毫没有动摇他学习的决心。他一如既往
de kè kǔ dú shū fèi qǐn wàng shí
地刻苦读书，废寝忘食。

yǒu yí cì chē yìn fù qīn de yí wèi péng you shàng mén bài
有一次，车胤父亲的一位朋友上门拜
fǎng jiàn chē yìn zhèng zuò zài chuāng qián zhuān xīn dú shū zhè wèi péng
访，见车胤正坐在窗前专心读书。这位朋

友想考验一下车胤是否真的注意力集中，就喊了一声车胤的名字，但是车胤仍然坐在那里一丝不动，根本就没有听见喊声。

有一年夏天，天渐渐黑了，屋里也慢慢暗了下来。车胤家里穷，买不起油灯，所以一吃完晚饭，车胤就搬个板凳来到门外，一边乘凉，一边借着落日的余晖读书。突然，一只萤火虫闪着亮光从车胤眼前飞过，他并没有在意，还是继续读书。过了一会儿，又有一只萤火虫飞了过来，尾巴一闪一闪的。车胤看着看着，心里忽然蹦出一个想法：要是把这些萤火虫聚到一起，借着它们发出的光，不就可以读书了吗？他兴奋地跑回家中，找来一个袋子，然后一口气跑到屋后的半山腰捉萤火虫。一只、两只、三只……不一会儿，袋子就装满了萤火虫，变得亮闪闪的。车胤回到家中，把袋子吊在案前，夜以继日地学习。

成年以后，车胤被大司马桓温征召为从事。桓温对他十分器重，相继提升他为别驾、征西长史。孝武帝宁康初年，车胤被提升为中书侍郎、关内侯，后来又当上了国子监博士。

sū lǎo quán, èr shí qī.
苏老泉，二十七。
shǐ fā fèn, dú shū jí.
始发愤，读书籍。
bǐ jì lǎo, yóu huǐ chí.
彼既老，犹悔迟。
ěr xiǎo shēng, yí zǎo sī.
尔小生，宜早思。

译文

běi sòng de sū xún dào le èr shí qī suì de shí hou, cái kāi shǐ xià jué xīn nǔ lì xué xí. tā nián jì dà le, hòu huǐ zì jǐ xué de tài chí. nǐ men nián jì qīng qīng, yīng gāi zǎo zǎo yòng gōng dú shū, yǐ miǎn jiāng lái hòu huǐ.

北宋的苏洵到了二十七岁的时候，才开始下决心努力学习。他年纪大了，后悔自己学得太迟。你们年纪轻轻，应该早早用功读书，以免将来后悔。

苏洵藏书教子

苏洵有两个儿子——苏轼和苏辙。这两个儿子小时候都非常顽皮，不爱读书。为了不让他们走自己当年的老路，苏洵经常动之以情，晓之以理地教育他们要好好读书。然而，这种和风细雨式的说服教育收效甚微。

突然有一天，苏洵想出了一个好办法：每当孩子们玩耍打闹的时候，苏洵就故意躲在书堆里读书，聚精会神，神采飞扬。当孩子们围过来想瞧个究竟的时候，他又把书当

bǎo bèi yí yàng gǎn jǐn cáng qǐ lái hái zi men fā xiàn le zhè
宝贝一样赶紧“藏”起来。孩子们发现了这
ge guài xiàn xiàng yǐ wéi fù qīn mán zhe tā men kàn shén me hǎo dōng xi
个怪现象，以为父亲瞒着他们看什么好东西
ne yú shì tā men jiù chèn zhe fù qīn bú zài jiā shí jiāng shū
呢！于是，他们就趁着父亲不在家时，将书
tōu chū lái kàn jiàn jiàn de tā men yě xǐ huan shàng le
“偷”出来看。渐渐地，他们也喜欢上了
dú shū bìng qiě cóng shū zhōng fā xiàn le yuè dú de lè qù
读书，并且从书中发现了阅读的乐趣。

zhè yì nián sū xún dài zhe liǎng gè ér zi yì qǐ jìn jīng gǎn
这一年，苏洵带着两个儿子一起进京赶
kǎo jié guǒ liǎng gè ér zi dōu kǎo zhòng le tā zì jǐ de wén
考，结果两个儿子都考中了，他自己的文
zhāng yě hōng dòng le zhěng zuò jīng chéng hòu lái sū xún bèi fēng wéi
章也轰动了整座京城。后来，苏洵被封为
mì shū shěng jiào shū láng xiū zuǎn lǐ shū yì bǎi duō juàn hái zhù yǒu
秘书省校书郎，修纂礼书一百多卷，还著有
jiā yòu jí shí wǔ juàn sū xún hé sū shì sū zhé dōu yīn
《嘉祐集》十五卷。苏洵和苏轼、苏辙都因
wèi cái huá chū zhòng bèi liè rù le táng sòng bā dà jiā
为才华出众，被列入了“唐宋八大家”。

táng liú yàn fāng qī suì
唐刘晏，方七岁。
jǔ shén tóng zuò zhèng zì
举神童，作正字。
bǐ suī yòu shēn yǐ shì
彼虽幼，身已仕。
ěr yòu xué miǎn ér zhì
尔幼学，勉而致。

译文

táng cháo shí qī yǒu gè jiào liú yàn de hái zi gāng dào qī suì shí jiù kǎo qǔ le shén tóng kē bèi shòu yǔ le hàn lín yuàn zhèng zì guān de guān zhí tā suī rán nián jì yòu xiǎo dàn yǐ jīng rèn zhí zuò guān le nǐ men zhè xiē xiǎo xué shēng yīng gāi nǔ lì xué xí shí xiàn zì jǐ de lǐ xiǎng

唐朝时期有个叫刘晏的孩子，刚到七岁时就考取了“神童科”，被授予了翰林院正字官的官职。他虽然年纪幼小，但已经任职做官了。你们这些小学生，应该努力学习，实现自己的理想。

神童刘晏

刘晏自幼天资聪颖，小时候十分好学，尤其对算术特别敏感。这天，刘晏和一群孩子来乡塾上学，先生敲着案几给大家出了道题：“有一道题，大家仔细听好了。上等米比中等米每石贵一百五十钱，中等米比下等米每石贵一百钱。今天我买了上等米三石、中等米五石和下等米两石，共付了一万三千二百五十钱。请问上、中、下三等米每石各多少钱？”

孩子们听完，都埋下头聚精会神地计算起来，只有刘晏很快抬起头来，第一个说：“先生，我算出来了。上等米一千四百五十钱，中等米一千三百钱，下等米一千二百钱。”先生听完一阵欣喜，不住夸赞刘晏是“当世神童”。

唐代开元年间，唐玄宗前往泰山封禅。祭典结束后，唐玄宗正在帐中接见大臣，突然有人来报，说有个七岁的儿童要敬献《东封书》。唐玄宗十分高兴，立即召见。只见刘晏身着整洁的衣服，从容地来到唐玄宗面前，学着大人的样子跪下，一字一句地朗诵起来：“吾皇英主，封祀东岳，告成功于昊天上帝，为万民把福，开元之礼，仁及天下……”唐玄宗一听，心中大喜，他本来只是觉得新鲜，准备随便听听也就罢了，没想到这个孩子的文章写得还真不错。

唐玄宗又叫来宰相张说和大诗人张九龄，想再考考刘晏。张说等立刻拟出一份书面试题，并按照科举取士的方法，让刘晏单独在一间房子里做题。大约过了一小时左右，刘晏出色地答完了所有题目，在场的所有人都啧啧称奇。唐玄宗当即任命刘晏为翰林院的正字官，负责校对典籍，刊正文字。

yòu ér xué， zhuàng ér xíng。
幼而学，壮而行。

shàng zhì jūn， xià zé mín。
上致君，下泽民。

yáng míng shēng， xiǎn fù mǔ。
扬名声，显父母。

guāng yú qián， yù yú hòu。
光于前，裕于后。

译文

xiǎo shí hou kè kǔ xué xí， zhǎng dà yǐ hòu cái néng yǒu suǒ zuò wéi， duì shàng kě yǐ bào xiào guó jiā， duì xià kě yǐ wèi bǎi xìng móu fú lì。 rú guǒ nǐ wèi bǎi xìng zuò chū le yīng yǒu de gòng xiàn， bǎi xìng jiù huì zàn yáng nǐ， ér qiě nǐ de fù mǔ yě kě yǐ dé dào nǐ de róng yào， lián zǔ xiān dōu zēng tiān le guāng cǎi， yě gěi hòu dài liú xià le hǎo bǎng yàng。

小时候刻苦学习，长大以后才能有所作为，对上可以报效国家，对下可以为百姓谋福利。如果你为百姓做出了应有的贡献，百姓就会赞扬你，而且你的父母也可以得到你的荣耀，连祖先都增添了光彩，也给后代留下了好榜样。

yuè mǔ cì zì
岳母刺字

yuè fēi chū shēng yú běi sòng mò nián de yí hù nóng mín jiā
岳飞出生于北宋末年的一户农民家
lǐ cóng xiǎo jiù guò zhe shí bù guǒ fù de jiān kǔ shēng huó jǐn
里，从小就过着食不果腹的艰苦生活。尽
guǎn jiā jìng pín hán dàn shì yuè mǔ duì ér zi de jiào yù què cóng méi
管家境贫寒，但是岳母对儿子的教育却从没
yǒu fàng sōng zhè shǐ yuè fēi cóng xiǎo jiù yǎng chéng le gāng zhí jiān yì
有放松，这使岳飞从小就养成了刚直坚毅
de xìng gé
的性格。

yǒu yí cì yuè fēi yǒu
有一次，岳飞有
jǐ gè jié bài xiōng dì yīn wèi
几个结拜兄弟，因为
méi yǒu fàn chī jiù shāng liang zhe
没有饭吃，就商量着
zhǔn bèi lán lù qiǎng jié tā men
准备拦路抢劫。他们

yuē yuè fēi yì qǐ qù dàn shì yuè fēi xiǎng dào mǔ qīn píng shí de jiào
约岳飞一起去，但是岳飞想到母亲平时的教
dǎo méi yǒu dā ying wú lùn zhòng xiōng dì zěn me quàn shuō tā
导，没有答应，无论众兄弟怎么劝说，他
dōu méi yǒu dòng xīn hòu lái yuè fēi huí dào jiā yī wǔ yī shí
都没有动心。后来，岳飞回到家，一五一十
de bǎ qíng kuàng gào su le mǔ qīn mǔ qīn gāo xìng de shuō hái
地把情况告诉了母亲，母亲高兴地说："孩
zi nǐ zuò de duì rén qióng zhì bù qióng wǒ men bù néng zuò
子，你做得对，人穷志不穷，我们不能做
nà xiē shāng tiān hài lǐ de shì
那些伤天害理的事！"

yuè fēi shí wǔ liù suì shí běi fāng de jīn rén nán qīn sòng
岳飞十五六岁时，北方的金人南侵，宋
cháo dāng quán zhě fǔ bài wú néng jié jié bài tuì guó jiā chǔ zài
朝当权者腐败无能，节节败退，国家处在
shēng sǐ cún wáng de guān tóu zhè yì tiān yuè mǔ bǎ yuè fēi jiào
生死存亡的关头。这一天，岳母把岳飞叫
dào gēn qián wèn tā shuō xiàn zài guó nàn dāng tóu nǐ yǒu shén
到跟前，问他说："现在国难当头，你有什
me dǎ suàn
么打算？"

dào qián xiàn shā dí jīng zhōng bào guó yuè fēi huí
"到前线杀敌，精忠报国！"岳飞回
dá
答。

yuè mǔ tīng le ér zi de huí dá shí fēn mǎn yì jīng
岳母听了儿子的回答，十分满意，"精

zhōng bào guó zhèng shì tā duì ér zi de shēn qiè xī wàng wèi le
忠报国”正是她对儿子的深切希望。为了

bú ràng ér zi wàng jì zì jǐ de shì yán yuè mǔ jué dìng qīn zì bǎ
不让儿子忘记自己的誓言，岳母决定亲自把

zhè sì gè zì cì zài yuè fēi de bèi shàng tā hán zhe yǎn lèi wèn yuè
这四个字刺在岳飞的背上。她含着眼泪问岳

fēi nǐ pà tòng ma yuè fēi huí dá shuō xiǎo xiǎo de
飞：“你怕痛吗？”岳飞回答说：“小小的

gāng zhēn suàn bù liǎo shén me rú guǒ lián zhè dōu pà zěn me qù
钢针算不了什么，如果连这都怕，怎么去

qián xiàn dǎ zhàng
前线打仗！”

hòu lái yuè fēi guǒ rán méi yǒu gū fù mǔ qīn de qī wàng
后来，岳飞果然没有辜负母亲的期望，

tā bēn fù qián xiàn zài zhàn chǎng shàng yīng yǒng shā dí lì xià le
他奔赴前线，在战场上英勇杀敌，立下了

hè hè zhàn gōng hěn kuài jiù chéng wéi le sòng cháo zhù míng de kàng jīn
赫赫战功，很快就成为了宋朝著名的抗金

míng jiàng zài yuè fēi de dài lǐng xià yuè jiā jūn jì lǜ yán míng
名将。在岳飞的带领下，岳家军纪律严明，

zuò zhàn yǒng měng dǎ de jīn bīng luò huā liú shuǐ jiù lián jīn bīng de
作战勇猛，打得金兵落花流水。就连金兵的

tǒng shuài jīn wù zhú yě gǎn kǎi de shuō hàn shān yì hàn yuè jiā
统率金兀术也感慨地说：“撼山易，撼岳家

jūn nán
军难。”

精忠報國

rén yí zǐ jīn mǎn yíng
人遗子，金满籝。
wǒ jiào zǐ wéi yī jīng
我教子，惟一经。
qín yǒu gōng xì wú yì
勤有功，戏无益。
jiè zhī zāi yí miǎn lì
戒之哉，宜勉力。

译文

rén jia liú gěi zǐ sūn hòu dài de dōu shì chéng xiāng de jīn
人家留给子孙后代的，都是成箱的金
yín ér wǒ yòng lái jiào yù zǐ nǚ de zhǐ yǒu zhè bù sān zì
银。而我用来教育子女的，只有这部《三字
jīng zhǐ yào kěn qín fèn kè kǔ jiù yí dìng huì yǒu chéng jiù
经》。只要肯勤奋刻苦，就一定会有成就；
rú guǒ chéng tiān tān tú wán lè kěn dìng méi yǒu shén me hǎo chù wǒ
如果成天贪图玩乐，肯定没有什么好处。我
men yào shí cháng gào jiè zì jǐ bì xū kè kǔ nǔ lì
们要时常告诫自己，必须刻苦努力。

táo yuān míng quàn xué

陶渊明劝学

dōng jìn zhù míng de dà shī rén táo yuān míng cí qù le péng zé
东晋著名的大诗人陶渊明辞去了彭泽
lìng de guān zhí hòu tuì jū tián yuán guò zhe zì gēng zì zhòng
令的官职后，退居田园，过着自耕自种、
yǐn jiǔ fù shī de zì zài shēng huó
饮酒赋诗的自在生活。

xiāng chuán yǒu yì tiān xiāng lín zhōng yǒu gè shào nián lái xiàng
相传有一天，乡邻中有个少年来向
tā qiú jiào wǒ fēi cháng jìng pèi nín yuān bó de xué shí bù
他求教："我非常敬佩您渊博的学识，不
zhī nín dú shū kě yǒu shén me miào fǎ rú néng chuán shòu wǎn bèi
知您读书可有什么妙法，如能传授，晚辈
gǎn jī bú jìn táo yuān míng yì tīng bù jīn hā hā dà xiào
感激不尽。"陶渊明一听，不禁哈哈大笑：
tiān xià nǎ yǒu shén me dú shū de miào fǎ a rán hòu tā
"天下哪有什么读书的妙法啊！"然后，他
tū rán zhǐ zhù xiào róng yán sù de duì shào nián shuō dú shū shì
突然止住笑容，严肃地对少年说："读书是

jué wú miào fǎ de zhǐ yǒu bèn fǎ cháng yán dào shū
绝无妙法的，只有‘笨法’。常言道，‘书
shān yǒu lù qín wéi jìng qín xué zé jìn chuò xué zé tuì
山有路勤为径’、‘勤学则进，辍学则退’。”

táo yuān míng jiàn shào nián bìng bù dǒng tā de yì si jiù lā
陶渊明见少年并不懂他的意思，就拉
zhe shào nián de shǒu lái dào dào tián biān zhǐ zhe yì kē chǐ bǎ gāo de
着少年的手来到稻田边，指着一棵尺把高的
hé miáo duì tā shuō nǐ dūn zài nà kē hé miáo miàn qián jù
禾苗对他说：“你蹲在那棵禾苗面前，聚
jīng huì shén de qiáo yì qiáo tā shì bú shì zài zhǎng gāo nà
精会神地瞧一瞧，它是不是在长高？”那
shào nián kàn le hěn jiǔ bìng bú jiàn hé miáo wǎng shàng zhǎng biàn qǐ
少年看了很久，并不见禾苗往上长，便起
shēn duì táo yuān míng shuō wǒ kàn bù chū tā zài zhǎng a
身对陶渊明说：“我看不出它在长啊！”

táo yuān míng shuō hé miáo měi shí měi kè dōu zài zhǎng gāo zhǐ
陶渊明说：“禾苗每时每刻都在长高，只
shì wǒ men de yǎn jing chá jué bú dào ér yǐ zhè zhèng rú wǒ men dú
是我们的眼睛察觉不到而已。这正如我们读
shū xué xí zhī shi yě shì kào yì diǎn yì dī jī lěi de yǒu shí
书学习，知识也是靠一点一滴积累的，有时
lián wǒ men zì jǐ dōu gǎn jué bú dào dàn zhǐ yào chí zhī yǐ héng
连我们自己都感觉不到。但只要持之以恒，
qín xué bù yǐ jiù huì yóu zhī zhī shèn shǎo biàn wéi zhī zhī shèn duō
勤学不已，就会由知之甚少变为知之甚多”

táo yuān míng shuō zhe yòu bǎ shào nián dài dào yì tiáo xī biān zhǐ
陶渊明说着，又把少年带到一条溪边，指

zhe xī biān de yí kuài dà shí wèn tā dào nǐ zài kàn kan
着溪边的一块大石，问他道：“你再看看

nà kuài dà shí wèi shén me shàng miàn huì chū xiàn mǎ ān yí yàng de
那块大石，为什么上面会出现马鞍一样的

āo miàn ne shào nián suí kǒu huí dá dào nà shì mó sǔn
凹面呢？”少年随口回答道：“那是磨损

de nà nǐ kě céng jiàn guò tā shì nǎ yì tiān bèi mó sǔn
的。”“那你可曾见过，它是哪一天被磨损

de ne shào nián xiǎng le xiǎng yáo tóu shuō bù céng jiàn guò
的呢？”少年想了想，摇头说：“不曾见过。”

táo yuān míng yīn shì lì dǎo de shuō zhè shì nóng fū men tiān tiān zài
陶渊明因势利导地说：“这是农夫们天天在

shí tou shàng miàn mó dāo rì jī yuè lěi nián fù yì nián màn
石头上面磨刀，日积月累，年复一年，慢

màn mó sǔn ér chéng de jué fēi yí rì zhī gōng a cóng zhè kuài
慢磨损而成的，决非一日之功啊！从这块

shí tou wǒ men yě kě yǐ wù chū lìng yí gè dào lǐ lái nà jiù
石头，我们也可以悟出另一个道理来，那就

shì chuò xué rú mó dāo zhī shí bú jiàn qí sǔn rì yǒu suǒ kuī
是‘辍学如磨刀之石，不见其损，日有所亏。’

xué xí yí dàn jiàn duàn tíng zhǐ suǒ xué zhī shi jiù huì zài bù zhī bù
学习一旦间断停止，所学知识就会在不知不

jué zhōng bèi màn màn wàng diào tīng dào zhè lǐ shào nián dùn shí
觉中被慢慢忘掉。”听到这里，少年顿时

huǎng rán dà wù kòu shǒu bài xiè táo yuān míng huí qù zhuān xīn zhì
恍然大悟，叩首拜谢陶渊明，回去专心致

zhì de xué xí le
志地学习了。